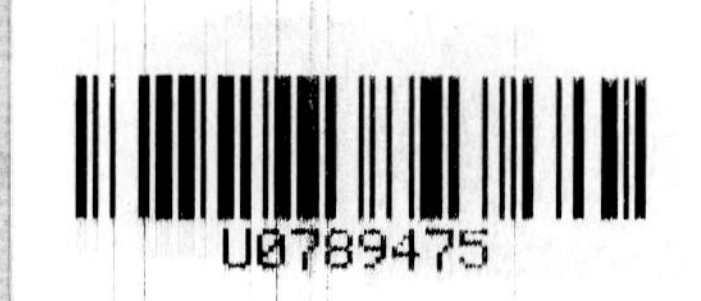

四書五經

左傳 二

中華書局

中華書局

左傳 二

四書五經

傳（僖公二十五年）

二十五年春，衛人伐邢，二禮從國子巡城，掖以赴外，殺之。正月丙午，衛侯燬滅邢。同姓也，故名。禮至爲銘曰：「余掖殺國子，莫余敢止。」

秦伯師於河上，將納王。狐偃言於晉侯曰：「求諸侯莫如勤王。諸侯信之，且大義也。繼文之業，而信宣於諸侯，今爲可矣。」

使卜偃卜之，曰：「吉。遇黃帝戰於阪泉之兆。」公曰：「吾不堪也。」對曰：「周禮未改，今之王，古之帝也。」公曰：「筮之！」筮之，遇《大有》䷍之《睽》䷥，曰：「吉。遇『公用亨於天子』之卦。戰克而王饗，吉孰大焉？且是卦也，天爲澤以當日，天子降心以逆公，不亦可乎？《大有》去《睽》而復，亦其所也。」

晉侯辭秦師而下。三月甲辰，次於陽樊，右師圍溫，左師逆王。夏四月丁巳，王入於王城。取大叔於溫，殺之於隰城。

戊午，晉侯朝王。王饗醴，命之宥。請隧，弗許，曰：「王章也。未有代德，而有二王，亦叔父之所惡也。」與之陽樊、溫、原、欑茅之田。晉於是始啓南陽。

陽樊不服，圍之。倉葛呼曰：「德以柔中國，刑以威四夷，宜吾不敢服也。此誰非王之親姻，其俘之也？」乃出其民。

秋，秦、晉伐鄀。楚鬭克、屈禦寇以申、息之師戍商密。秦人過析，隈入而係輿人，以圍商密，昏而傅焉。宵，坎血加書，僞與子儀、子邊盟者。商密人懼，曰：「秦取析矣！戍人反矣！」乃降秦師。秦師囚申公子儀、息公子邊以歸。楚令尹子玉追秦師，弗及。遂圍陳，納頓子於頓。

冬，晉侯圍原，命三日之糧。原不降，命去之。諜出，曰：「原將降矣。」軍吏曰：「請待之。」公曰：「信，國之寶也，民之所庇也。得原失信，何以庇之？所亡滋多。」退一舍而原降。遷原伯貫於冀。趙衰爲原大夫，狐溱爲溫大夫。

衛人平莒於我，十二月，盟於洮，修衛文公之好，且及莒平也。

晉侯問原守於寺人勃鞮，對曰：「昔趙衰以壺飧從徑，餒而弗食。」故使處原。

經（僖公二十六年）

二十有六年春王正月己未，公會莒子、衛寧速，盟於向。

齊人侵我西鄙，公追齊師，至酅，弗及。

夏，齊人伐我北鄙。

衛人伐齊。

公子遂如楚乞師。

秋，楚人滅夔，以夔子歸。

冬，楚人伐宋，圍緡。公以楚師伐齊，取穀。

公至自伐齊。

傳（僖公二十六年）

二十六年春王正月，公會莒茲丕公、甯莊子，盟於向，尋洮之盟也。

傳（僖公二十五年）

二十五年春，衛人伐邢，二禮從國子巡城，掖以赴外，殺之。正月丙午，衛侯燬滅邢。同姓也，故名。禮至為銘曰：「余掖殺國子，莫余敢止。」

秦伯師於河上，將納王。狐偃言於晉侯曰：「求諸侯莫如勤王。諸侯信之，且大義也。繼文之業，而信宣於諸侯，今為可矣。」使卜偃卜之，曰：「吉。遇黃帝戰於阪泉之兆。」公曰：「吾不堪也。」對曰：「周禮未改，今之王，古之帝也。」公曰：「筮之！」筮之，遇《大有》䷍之《睽》䷥，曰：「吉。遇『公用享於天子』之卦。戰克而王饗，吉孰大焉？且是卦也，天為澤以當日，天子降心以逆公，不亦可乎？《大有》去《睽》而復，亦其所也。」

晉侯辭秦師而下。三月甲辰，次於陽樊，右師圍溫，左師逆王。夏四月丁巳，王入於王城。取大叔於溫，殺之於隰城。

戊午，晉侯朝王。王饗醴，命之宥。請隧，弗許，曰：「王章也。未有代德，而有二王，亦叔父之所惡也。」與之陽樊、溫、原、欑茅之田。晉於是始啟南陽。

陽樊不服，圍之。倉葛呼曰：「德以柔中國，刑以威四夷，宜吾不敢服也。此誰非王之親姻，其俘之也？」乃出其民。

秋，秦、晉伐鄀。楚鬭克、屈禦寇以申、息之師戍商密。秦人過析，隈入而係輿人，以圍商密，昏而傅焉。宵，坎血加書，偽與子儀、子邊盟者。商密人懼，曰：「秦取析矣！戍人反矣！」乃降秦師。秦師囚申公子儀、息公子邊以歸。楚令尹子玉追秦師，弗及。遂圍陳，納頓子於頓。

冬，晉侯圍原，命三日之糧。原不降，命去之。諜出，曰：「原將降矣。」軍吏曰：「請待之。」公曰：「信，國之寶也，民之所庇也。得原失信，何以庇之？所亡滋多。」退一舍而原降。遷原伯貫於冀。趙衰為原大夫，狐溱為溫大夫。

衛人平莒於我，十二月，盟於洮，脩衛文公之好，且及莒平也。

晉侯問原守於寺人勃鞮，對曰：「昔趙衰以壺飧從徑，餒而弗食。」故使處原。

經（僖公二十六年）

二十有六年春王正月己未，公會莒子、衛甯速，盟於向。

齊人侵我西鄙，公追齊師，至酅，弗及。

夏，齊人伐我北鄙。

衛人伐齊。

公子遂如楚乞師。

秋，楚人滅夔，以夔子歸。

冬，楚人伐宋，圍緡。公以楚師伐齊，取穀。

公至自伐齊。

傳（僖公二十六年）

二十六年春王正月，公會莒茲丕公、甯莊子，盟於向，尋洮之盟也。

齊師侵我西鄙，討是二盟也。

夏，齊孝公伐我北鄙，衛人伐齊，洮之盟故也。公使展喜犒師，使受命於展禽。齊侯未入竟，展喜從之，曰：「寡君聞君親舉玉趾，將辱於敝邑，使下臣犒執事。」齊侯曰：「魯人恐乎？」對曰：「小人恐矣，君子則否。」齊侯曰：「室如縣罄，野無青草，何恃而不恐？」對曰：「恃先王之命。昔周公、大公股肱周室，夾輔成王。成王勞之，而賜之盟，曰：『世世子孫無相害也！』載在盟府，大師職之。桓公是以糾合諸侯而謀其不協，彌縫其闕而匡救其災，昭舊職也。及君即位，諸侯之望曰：『其率桓之功！』我敝邑用不敢保聚，曰：『豈其嗣世九年，而棄命廢職？其若先君何？君必不然。』恃此以不恐。」齊侯乃還。

東門襄仲、臧文仲如楚乞師。臧孫見子玉而道之伐齊、宋，以其不臣也。

夔子不祀祝融與鬻熊，楚人讓之。對曰：「我先王熊摯有疾，鬼神弗赦，而自竄於夔，吾是以失楚，又何祀焉？」秋，楚成得臣、鬬宜申帥師滅夔，以夔子歸。

宋以其善於晉侯也，叛楚即晉。冬，楚令尹子玉、司馬子西帥師伐宋，圍緡。

公以楚師伐齊，取穀。凡師，能左右之曰以。寘桓公子雍於穀，易牙奉之以爲魯援。楚申公叔侯戍之。桓公之子七人，爲七大夫於楚。

經（僖公二十七年）

二十有七年春，杞子來朝。

夏六月庚寅，齊侯昭卒。

秋八月乙未，葬齊孝公。

乙巳，公子遂帥師入杞。

冬，楚人、陳侯、蔡侯、鄭伯、許男圍宋。

十有二月甲戌，公會諸侯，盟於宋。

傳（僖公二十七年）

二十七年春，杞桓公來朝。用夷禮，故曰「子」。公卑杞，杞不共也。

夏，齊孝公卒。有齊怨，不廢喪紀，禮也。

秋，入杞，責無禮也。

楚子將圍宋，使子文治兵於睽，終朝而畢，不戮一人。子玉復治兵於蔿，終日而畢，鞭七人，貫三人耳。國老皆賀子文。子文飲之酒。蔿賈尚幼，後至，不賀。子文問之。對曰：「不知所賀。子之傳政於子玉，曰：『以靖國也。』靖諸內而敗諸外，所獲幾何？子玉之敗，子之舉也。舉以敗國，將何賀焉？子玉剛而無禮，不可以治民，過三百乘，其不能以入矣。苟入而賀，何後之有？」

冬，楚子及諸侯圍宋。宋公孫固如晉告急。先軫曰：「報施救患，取威定霸，於是乎在矣。」狐偃曰：「楚始得曹，而新昏於衛，若伐曹、衛，楚必救之，則齊、宋免矣。」於是乎蒐於被廬，作三軍，謀元帥。趙衰曰：「郤縠可。臣亟聞其言矣，說《禮》、《樂》而敦《詩》、《書》。《詩》、《書》，義之府也；《禮》、《樂》，德之則也；德、義，利之

本也。《夏書》曰：『賦納以言，明試以功，車服以庸。』君其試之！」乃使郤穀將中軍，郤溱佐之。使狐偃將上軍，讓於狐毛而佐之。命趙衰爲卿，讓於欒枝、先軫。使欒枝將下軍，先軫佐之。荀林父御戎，魏犨爲右。

晉侯始入而教其民，二年，欲用之。子犯曰：「民未知義，未安其居。」於出乎出定襄王，入務利民，民懷生矣。將用之。子犯曰：「民未知信，未宣其用。」於是乎伐原以示之信。民易資者，不求豐焉，明徵其辭。公曰：「可矣乎？」子犯曰：「民未知禮，未生其共。」於是乎大蒐以示之禮，作執秩以正其官。民聽不惑，而後用之。出穀戍，釋宋圍，一戰而霸，文之教也。

經（僖公二十八年）

二十有八年春，晉侯侵曹，晉侯伐衛。

公子買戍衛，不卒戍，刺之。

楚人救衛。

三月丙午，晉侯入曹，執曹伯。畀宋人。

夏四月己巳，晉侯、齊師、宋師、秦師及楚人戰於城濮，楚師敗績。

楚殺其大夫得臣。

衛侯出奔楚。

五月癸丑，公會晉侯、齊侯、宋公、蔡侯、鄭伯、衛子、莒子，盟於踐土。

陳侯如會。

公朝於王所。

六月，衛侯鄭自楚復歸於衛。衛元咺出奔晉。

陳侯款卒。

秋，杞伯姬來。

公子遂如齊。

冬，公會晉侯、齊侯、宋公、蔡侯、鄭伯、陳子、莒子、邾子、秦人於温。

天王狩於河陽。

壬申，公朝於王所。

晉人執衛侯，歸之於京師。衛元咺自晉復歸於衛。

諸侯遂圍許。

曹伯襄復歸於曹，遂會諸侯圍許。

傳（僖公二十八年）

二十八年春，晉侯將伐曹，假道於衛。衛人弗許。還自南河濟，侵曹、伐衛。正月戊申，取五鹿。二月，晉郤穀卒。原軫將中軍，胥臣佐下軍，上德也。晉侯、齊侯盟於斂盂。衛侯請盟，晉人弗許。衛侯欲與楚，國人不欲，故出其君，以說於晉。衛侯出居於襄牛。

公子買戍衛，楚人救衛，不克。公懼於晉，殺子叢以說焉。謂楚人曰：「不卒戍也。」

晉侯圍曹，門焉，多死。曹人尸諸城上，晉侯患之。聽輿人之謀曰：「稱舍於墓。」師遷焉。曹人凶懼，爲其所得者，棺而出之。因其凶也而攻之。三月丙午，入曹，數之以其不用僖負羈，而乘軒者三百人也，且曰獻狀。令無入僖負羈之宮而免其族，報施也。魏犨、顛頡怒，曰：「勞之不圖，報於何有？」爇僖負羈氏。魏犨傷於胸。公欲殺之，而愛其材。使問，且視之。病，將殺之。魏犨束胸見使者，曰：「以君之靈，不有寧也！」距躍三百，曲踊三百。乃舍之。殺顛頡以徇於師，立舟之僑以爲戎右。

宋人使門尹般如晉師告急。公曰：「宋人告急，舍之則絶，告楚不許。我欲戰矣，齊、秦未可，若之何？」先軫曰：「使宋舍我而賂齊、秦，藉之告楚。我執曹君，而分曹、衛之田以賜宋人。楚愛曹、衛，必不許也。喜賂、怒頑，能無戰乎？」公説，執曹伯，分曹、衛之田以畀宋人。

楚子入居於申，使申叔去穀，使子玉去宋，曰：「無從晉師！晉侯在外十九年矣，而果得晉國。險阻艱難，備嘗之矣；民之情僞，盡知之矣。天假之年，而除其害，天之所置，其可廢乎？《軍志》曰：『允當則歸。』又曰：『知難而退。』又曰：『有德不可敵。』此三志者，晉之謂矣。」子玉使伯棼請戰，曰：「非敢必有功也，願以間執讒慝之口。」王怒，少與之師，唯西廣、東宮與若敖之六卒實從之。

子玉使宛春告於晉師曰：「請復衛侯而封曹，臣亦釋宋之圍。」子犯曰：「子玉無禮哉！君取一，臣取二，不可失矣。」先軫曰：「子與之！定人之謂禮，楚一言而定三國，我一言而亡之。我則無禮，何以戰乎？不許楚言，是棄宋也；救而棄之，謂諸侯何？楚有三施，我有三怨，怨讎已多，將何以戰？不如私許復曹、衛以携之，執宛春以怒楚，既戰而後圖之。」公説。乃拘宛春於衛，且私許復曹、衛，曹、衛告絶於楚。

子玉怒，從晉師。晉師退。軍吏曰：「以君辟臣，辱也；且楚師老矣，何故退？」子犯曰：「師直爲壯，曲爲老，豈在久乎？微楚之惠不及此，退三舍辟之，所以報也。背惠食言，以亢其讎，我曲楚直，其衆素飽，不可謂老。我退而楚還，我將何求？若其不還，君退臣犯，曲在彼矣。」退三舍。楚衆欲止，子玉不可。

夏四月戊辰，晉侯、宋公、齊國歸父、崔夭、秦小子憖次於城濮。楚師背酅而舍，晉侯患之。聽輿人之誦曰：「原田每每，舍其舊而新是謀。」公疑焉。子犯曰：「戰也！戰而捷，必得諸侯。若其不捷，表裏山河，必無害也。」公曰：「若楚惠何？」欒貞子曰：「漢陽諸姬，楚實盡之。思小惠而忘大恥，不如戰也。」晉侯夢與楚子搏，楚子伏己而盬其腦，是以懼。子犯曰：「吉。我得天，楚伏其罪，吾且柔之矣。」

子玉使鬭勃請戰，曰：「請與君之士戲，君馮軾而觀之，得臣與寓目焉。」晉侯使欒枝對曰：「寡君聞命矣。楚君之惠，未之敢忘，是以在此。爲大夫退，其敢當君乎？既不獲命矣，敢煩大夫，謂二三子：『戒爾車乘，敬爾君事，詰朝將見。』」晉車七百乘，韅、靷、鞅、靽。晉侯登有莘之虚以觀師，曰：「少長有禮，其可用也。」遂伐其木，以益其兵。己巳，晉師陳於莘北，胥臣以下軍之佐當陳、蔡。子玉以若敖之六卒將中軍，曰：「今日必無晉矣。」子西將左，子上將右。胥臣蒙馬以虎皮，先犯陳、蔡。陳、蔡奔，楚右師潰。狐毛設二旆而退之。欒枝使輿曳柴而僞遁，楚師馳之，原軫、郤

溱以中軍公族橫擊之。狐毛、狐偃以上軍夾攻子西，楚左師潰。楚師敗績。子玉收其卒而止，故不敗。

晉師三日館、穀，及癸酉而還。甲午，至於衡雍，作王宮於踐土。

鄉役之三月，鄭伯如楚致其師。爲楚師既敗而懼，使子人九行成於晉。晉欒枝入盟鄭伯。五月丙午，晉侯及鄭伯盟於衡雍。

丁未，獻楚俘於王：駟介百乘，徒兵千。鄭伯傅王，用平禮也。己酉，王享醴，命晉侯宥。王命尹氏及王子虎、内史叔興父策命晉侯爲侯伯，賜之大輅之服、戎輅之服，彤弓一、彤矢百，玈弓矢千，秬鬯一卣，虎賁三百人，曰：「王謂叔父：『敬服王命，以綏四國，糾逖王慝。』」晉侯三辭，從命，曰：「重耳敢再拜稽首，奉揚天子之丕顯休命。」受策以出。出入三覲。

衛侯聞楚師敗，懼，出奔楚，遂適陳，使元咺奉叔武以受盟。癸亥，王子虎盟諸侯於王庭，要言曰：「皆獎王室，無相害也！有渝此盟，明神殛之，俾隊其師，無克祚國，及而玄孫，無有老幼。」君子謂是盟也信，謂晉於是役也，能以德攻。

初，楚子玉自爲瓊弁、玉纓，未之服也。先戰，夢河神謂己曰：「畀余！余賜女孟諸之麋。」弗致也。大心與子西使榮黃諫，弗聽。榮季曰：「死而利國，猶或爲之，況瓊玉乎？是糞土也。而可以濟師，將何愛焉？」弗聽。出，告二子曰：「非神敗令尹，令尹其不勤民，實自敗也。」既敗，王使謂之曰：「大夫若入，其若申、息之老何？」子西、孫伯曰：「得臣將死，二臣止之曰：『君其將以爲戮。』」及連穀而死。

晉侯聞之而後喜可知也，曰：「莫余毒也已。蔿呂臣實爲令尹，奉己而已，不在民矣。」

或訴元咺於衛侯曰：「立叔武矣。」其子角從公，公使殺之。咺不廢命，奉夷叔以入守。六月，晉人復衛侯。甯武子與衛人盟於宛濮曰：「天禍衛國，君臣不協，以及此憂也。今天誘其衷，使皆降心以相從也。不有居者，誰守社稷？不有行者，誰扞牧圉？不協之故，用昭乞盟於爾大神以誘天衷。自今日以往，既盟之後，行者無保其力，居者無懼其罪。有渝此盟，以相及也。明神先君，是糾是殛。」國人聞此盟也，而後不貳。

衛侯先期入，甯子先，長牂守門，以爲使也，與之乘而入。公子歂犬、華仲前驅，叔孫將沐，聞君至，喜，捉髮走出，前驅射而殺之。公知其無罪也，枕之股而哭之。歂犬走出，公使殺之。元咺出奔晉。

城濮之戰，晉中軍風於澤，亡大旆之左旃。祁瞞奸命，司馬殺之，以徇於諸侯，使茅茷代之。師還。壬午，濟河。舟之僑先歸，士會攝右。秋七月丙申，振旅，愷以入於晉，獻俘、授馘，飲至、大賞，徵會討貳。殺舟之僑以徇於國，民於是大服。君子謂文公其能刑矣，三罪而民服。《詩》云：「惠此中國，以綏四方」，不失賞、刑之謂也。

冬，會於溫，討不服也。

衛侯與元咺訟，甯武子爲輔，鍼莊子爲坐，士榮爲大士。衛侯不勝。殺士榮，刖鍼莊子，謂甯俞忠而免之。執衛侯，歸之於京師，寘諸深室。甯子職納橐饘焉。元咺歸於衛，立公子瑕。

是會也，晉侯召王，以諸侯見，且使王狩。仲尼曰：「以臣召君，不可以訓。故書曰『天王狩於河陽』，言非其地也，且明德也。」

壬申，公朝於王所。

丁丑，諸侯圍許。

晉侯有疾，曹伯之豎侯獳貨筮史，使曰以曹爲解：「齊桓公爲會而封異姓，今君爲會而滅同姓。曹叔振鐸，文之昭也；先君唐叔，武之穆也。且合諸侯而滅兄弟，非禮也；與衞偕命，而不與偕復，非信也；同罪異罰，非刑也。禮以行義，信以守禮，刑以正邪。舍此三者，君將若之何？」公説，復曹伯，遂會諸侯於許。晉侯作三行以禦狄。荀林父將中行，屠擊將右行，先蔑將左行。

經（僖公二十九年）

二十有九年春，介葛盧來。

公至自圍許。

夏六月，會王人、晉人、宋人、齊人、陳人、蔡人、秦人，盟於翟泉。

秋，大雨雹。

冬，介葛盧來。

傳（僖公二十九年）

二十九年春，介葛盧來朝，舍於昌衍之上。公在會，饋之芻、米，禮也。

夏，公會王子虎、晉狐偃、宋公孫固、齊國歸父、陳轅濤塗、秦小子慭，盟於翟泉，尋踐土之盟，且謀伐鄭也。卿不書，罪之也。在禮，卿不會公侯，會伯子男可也。

秋，大雨雹，爲災也。

冬，介葛盧來，以未見公故，復來朝。禮之，加燕好。介葛盧聞牛鳴，曰：「是生三犧，皆用之矣。其音云。」問之而信。

經（僖公三十年）

三十年春王正月。

夏，狄侵齊。

秋，衞殺其大夫元咺及公子瑕。衞侯鄭歸於衞。

晉人、秦人圍鄭。

介人侵蕭。

冬，天王使宰周公來聘。

公子遂如京師，遂如晉。

傳（僖公三十年）

三十年春，晉人侵鄭，以觀其可攻與否。狄間晉之有鄭虞也。夏，狄侵齊。

晉侯使醫衍酖衞侯。甯俞貨醫，使薄其酖，不死。公爲之請，納玉於王與晉侯，皆十瑴，王許之。秋，乃釋衞侯。衞侯使賂周歂、冶廑曰：「苟能納我，吾使爾爲卿。」

周、冶殺元咺及子適、子儀。公入，祀先君，周、冶既服，將命，周歂先入，及門，遇疾而死。冶廑辭卿。

九月甲午，晉侯、秦伯圍鄭，以其無禮於晉，且貳於楚也。晉軍函陵，秦軍氾南。佚之狐言於鄭伯曰：「國危矣，若使燭之武見秦君，師必退。」公從之。辭曰：「臣之壯也，猶不如人；今老矣，無能爲也已。」公曰：「吾不能早用子，今急而求子，是寡人之過也。然鄭亡，子亦有不利焉。」許之。夜，縋而出。見秦伯曰：「秦、晉圍鄭，鄭既知亡矣。若亡鄭而有益於君，敢以煩執事。越國以鄙遠，君知其難也，焉用亡鄭以陪鄰？鄰之厚，君之薄也。若舍鄭以爲東道主，行李之往來，共其乏困，君亦無所害，且君嘗爲晉君賜矣，許君焦、瑕，朝濟而夕設版焉，君之所知也。夫晉，何厭之有？既東封鄭，又欲肆其西封。不闕秦，焉取之？闕秦以利晉，唯君圖之。」秦伯説，與鄭人盟，使杞子、逢孫、揚孫戍之，乃還。

子犯請擊之。公曰：「不可。微夫人之力不及此。因人之力而敝之，不仁；失其所與，不知；以亂易整，不武。吾其還也。」亦去之。

初，鄭公子蘭出奔晉，從於晉侯伐鄭，請無與圍鄭。許之，使待命於東。鄭石甲父、侯宣多逆以爲大子，以求成於晉，晉人許之。

冬，王使周公閱來聘，饗有昌歜、白黑、形鹽。辭曰：「國君，文足昭也，武可畏也，則有備物之饗，以象其德；薦五味，羞嘉穀，鹽虎形，以獻其功。吾何以堪之？」

東門襄仲將聘於周，遂初聘於晉。

經（僖公三十一年）

三十有一年春，取濟西田。

公子遂如晉。

夏四月，四卜郊，不從，乃免牲。猶三望。

秋七月。

冬，杞伯姬來求婦。

狄圍衛。十有二月，衛遷於帝丘。

傳（僖公三十一年）

三十一年春，取濟西田，分曹地也。使臧文仲往，宿於重館。重館人告曰：「晉新得諸侯，必親其共。不速行，將無及也。」從之。分曹地，自洮以南，東傅於濟，盡曹地也。

襄仲如晉，拜曹田也。

夏四月，四卜郊，不從，乃免牲，非禮也。猶三望，亦非禮也。禮不卜常祀，而卜其牲、日。牛卜日曰牲。牲成而卜郊，上怠慢也。望，郊之細也，不郊，亦無望可也。

秋，晉蒐於清原，作五軍以禦狄。趙衰爲卿。

冬，狄圍衛，衛遷於帝丘，卜曰三百年。衛成公夢康叔曰：「相奪予享。」公命祀相。甯武子不可，曰：「鬼神非其族類，不歆其祀。杞、鄫何事？相之不享於此久矣，非衛之罪也，不可以間成王、周公之命祀，請改祀命。」

鄭洩駕惡公子瑕，鄭伯亦惡之，故公子瑕出奔楚。

經（僖公三十二年）

三十有二年春王正月。

夏四月己丑，鄭伯捷卒。

衛人侵狄。秋，衛人及狄盟。

冬十有二月己卯，晉侯重耳卒。

傳（僖公三十二年）

三十二年春，楚鬭章請平於晉，晉陽處父報之，晉、楚始通。

夏，狄有亂，衛人侵狄，狄請平焉。秋，衛人及狄盟。

冬，晉文公卒。庚辰，將殯於曲沃。出絳，柩有聲如牛。卜偃使大夫拜，曰：「君命大事：將有西師過軼我，擊之，必大捷焉。」杞子自鄭使告於秦曰：「鄭人使我掌其北門之管，若潛師以來，國可得也。」穆公訪諸蹇叔。蹇叔曰：「勞師以襲遠，非所聞也。師勞力竭，遠主備之，無乃不可乎？師之所爲，鄭必知之，勤而無所，必有悖心。且行千里，其誰不知？」公辭焉。召孟明、西乞、白乙，使出師於東門之外。蹇叔哭之曰：「孟子！吾見師之出而不見其入也！」公使謂之曰：「爾何知！中壽，爾墓之木拱矣。」蹇叔之子與師，哭而送之曰：「晉人禦師必於殽，殽有二陵焉。其南陵，夏后皋之墓也；其北陵，文王之所辟風雨也。必死是間，余收爾骨焉！」秦師遂東。

經（僖公三十三年）

三十有三年春王二月，秦人入滑。

齊侯使國歸父來聘。

夏四月辛巳，晉人及姜戎敗秦師於殽。

癸巳，葬晉文公。

狄侵齊。

公伐邾，取訾婁。

秋，公子遂帥師伐邾。

晉人敗狄於箕。

冬十月，公如齊。

十有二月，公至自齊。

乙巳，公薨於小寢。

隕霜不殺草。李、梅實。

晉人、陳人、鄭人伐許。

傳（僖公三十三年）

三十三年春，秦師過周北門，左右免胄而下，超乘者三百乘。王孫滿尚幼，觀之，言於王曰：「秦師輕而無禮，必敗。輕則寡謀，無禮則脱。入險而脱，又不能謀，能無敗乎？」及滑，鄭商人弦高將市於周，遇之，以乘韋先，牛十二犒師，曰：「寡君聞吾

子將步師出於敝邑，敢犒從者。不腆敝邑，爲從者之淹，居則具一日之積，行則備一夕之衛。」且使遽告於鄭。鄭穆公使視客館，則束載、厲兵、秣馬矣。使皇武子辭焉，曰：「吾子淹久於敝邑，唯是脯資、餼牽竭矣，爲吾子之將行也，鄭之有原圃，猶秦之有具囿也，吾子取其麋鹿，以間敝邑，若何？」杞子奔齊，逢孫、揚孫奔宋。孟明曰：「鄭有備矣，不可冀也。攻之不克，圍之不繼，吾其還也。」滅滑而還。

齊國莊子來聘，自郊勞至於贈賄，禮成而加之以敏。臧文仲言於公曰：「國子爲政，齊猶有禮，君其朝焉！臣聞之：服於有禮，社稷之衛也。」

晉原軫曰：「秦違蹇叔，而以貪勤民，天奉我也。奉不可失，敵不可縱。縱敵，患生；違天，不祥。必伐秦師！」欒枝曰：「未報秦施，而伐其師，其爲死君乎？」先軫曰：「秦不哀吾喪，而伐吾同姓，秦則無禮，何施之爲？吾聞之：『一日縱敵，數世之患也。』謀及子孫，可謂死君乎？」遂發命，遽興姜戎。子墨衰絰，梁弘御戎，萊駒爲右。

夏四月辛巳，敗秦師於殽，獲百里孟明視、西乞術、白乙丙以歸。遂墨以葬文公，晉於是始墨。文嬴請三帥，曰：「彼實構吾二君，寡君若得而食之，不厭，君何辱討焉？使歸就戮於秦，以逞寡君之志，若何？」公許之。先軫朝，問秦囚。公曰：「夫人請之，吾舍之矣。」先軫怒曰：「武夫力而拘諸原，婦人暫而免諸國，墮軍實而長寇讎，亡無日矣！」不顧而唾。公使陽處父追之，及諸河，則在舟中矣。釋左驂，以公命贈孟明。孟明稽首曰：「君之惠，不以纍臣釁鼓，使歸就戮於秦，寡君之以爲戮，死且不朽。若從君惠而免之，三年將拜君賜。」

秦伯素服郊次，鄉師而哭曰：「孤違蹇叔，以辱二三子，孤之罪也。不替孟明，孤之過也，大夫何罪？且吾不以一眚掩大德。」

狄侵齊，因晉喪也。

公伐邾，取訾婁，以報升陘之役。邾人不設備。秋，襄仲復伐邾。

狄伐晉，及箕。八月戊子，晉侯敗狄於箕。郤缺獲白狄子。先軫曰：「匹夫逞志於君，而無討，敢不自討乎？」免冑入狄師，死焉。狄人歸其元，面如生。

初，臼季使，過冀，見冀缺耨，其妻饁之，敬，相待如賓。與之歸，言諸文公曰：「敬，德之聚也。能敬必有德。德以治民，君請用之！臣聞之：出門如賓，承事如祭，仁之則也。」公曰：「其父有罪，可乎？」對曰：「舜之罪也殛鯀，其舉也興禹。管敬仲，桓之賊也，實相以濟。《康誥》曰：『父不慈，子不祗，兄不友，弟不共，不相及也。』《詩》曰：『采葑采菲，無以下體。』君取節焉可也。」文公以爲下軍大夫。反自箕，襄公以三命命先且居將中軍，以再命命先茅之縣賞胥臣，曰：「舉郤缺，子之功也。」以一命命郤缺爲卿，復與之冀，亦未有軍行。

冬，公如齊朝，且弔有狄師也。反，薨於小寢，即安也。

晉、陳、鄭伐許，討其貳於楚也。

楚令尹子上侵陳、蔡。陳、蔡成，遂伐鄭，將納公子瑕。門於桔柣之門，瑕覆於周氏之汪，外僕髡屯禽之以獻。文夫人斂而葬之鄶城之下。

晉陽處父侵蔡，楚子上救之，與晉師夾泜而軍。陽子患之，使謂子上曰：「吾聞

之：『文不犯順，武不違敵。』子若欲戰，則吾退舍，子濟而陳，遲速唯命。不然，紓我。老師費財，亦無益也。」乃駕以待。子上欲涉，大孫伯曰：「不可。晉人無信，半涉而薄我，悔敗何及？不如紓之。」乃退舍。陽子宣言曰：「楚師遁矣。」遂歸。楚師亦歸。大子商臣譖子上曰：「受晉賂而辟之，楚之恥也。罪莫大焉。」王殺子上。

葬僖公，緩作主，非禮也。凡君薨，卒哭而祔，祔而作主，特祀於主，烝、嘗、禘於廟。

文公

經（文公元年）

元年春王正月，公即位。

二月癸亥，日有食之。

天王使叔服來會葬。

夏四月丁巳，葬我君僖公。

天王使毛伯來錫公命。

晉侯伐衛。

叔孫得臣如京師。

衛人伐晉。

秋，公孫敖會晉侯於戚。

冬十月丁未，楚世子商臣弒其君頵。

公孫敖如齊。

傳（文公元年）

元年春，王使內史叔服來會葬。公孫敖聞其能相人也，見其二子焉。叔服曰：「穀也食子，難也收子。穀也豐下，必有後於魯國。」

於是閏三月，非禮也。先王之正時也，履端於始，舉正於中，歸餘於終。履端於

始，序則不愆；舉正於中，民則不惑；歸餘於終，事則不悖。

夏四月丁巳，葬僖公。

王使毛伯衛來賜公命。叔孫得臣如周拜。

晉文公之季年，諸侯朝晉，衛成公不朝，使孔達侵鄭，伐緜、訾及匡。晉襄公既祥，使告於諸侯而伐衛，及南陽。先且居曰：「傚尤，禍也。請君朝王，臣從師。」晉侯朝王於溫。先且居、胥臣伐衛。五月辛酉朔，晉師圍戚。六月戊戌，取之，獲孫昭子。衛人使告於陳。陳共公曰：「更伐之，我辭之。」衛孔達帥師伐晉。君子以爲古。古者，越國而謀。

秋，晉侯疆戚田，故公孫敖會之。

初，楚子將以商臣爲大子，訪諸令尹子上。子上曰：「君之齒未也，而又多愛，黜乃亂也。楚國之舉，恒在少者。且是人也，蜂目而豺聲，忍人也，不可立也。」弗聽。既，又欲立王子職，而黜大子商臣。商臣聞之而未察，告其師潘崇曰：「若之何而察之？」潘崇曰：「享江芈而勿敬也。」從之。江芈怒曰：「呼！役夫！宜君王之欲殺女而立職也。」告潘崇曰：「信矣。」潘崇曰：「能事諸乎？」曰：「不能。」「能行乎？」曰：「不能。」「能行大事乎？」曰：「能。」

冬十月，以宮甲圍成王。王請食熊蹯而死。弗聽。丁未，王縊。謚之曰「靈」，不瞑；曰「成」，乃瞑。

穆王立，以其爲大子之室與潘崇，使爲大師，且掌環列之尹。

穆伯如齊，始聘焉，禮也。凡君即位，卿出并聘，踐修舊好，要結外援，好事鄰國，以衛社稷，忠、信、卑讓之道也。忠，德之正也；信，德之固也；卑讓，德之基也。

殽之役，晉人既歸秦師，秦大夫及左右皆言於秦伯曰：「是敗也，孟明之罪也，必殺之。」秦伯曰：「是孤之罪也。周芮良夫之詩曰：『大風有隧，貪人敗類。聽言則對，誦言如醉。匪用其良，覆俾我悖。』是貪故也，孤之謂矣。孤實貪以禍夫子，夫子何罪？」復使爲政。

經（文公二年）

二年春王二月甲子，晉侯及秦師戰於彭衙，秦師敗績。

丁丑，作僖公主。

三月乙巳，及晉處父盟。

夏六月，公孫敖會宋公、陳侯、鄭伯、晉士縠盟於垂隴。

自十有二月不雨，至於秋七月。

八月丁卯，大事於大廟，躋僖公。

冬，晉人、宋人、陳人、鄭人伐秦。

公子遂如齊納幣。

傳（文公二年）

二年春，秦孟明視帥師伐晉，以報殽之役。二月，晉侯禦之，先且居將中軍，趙衰

佐之。王官無地御戎，狐鞫居爲右。甲子，及秦師戰於彭衙，秦師敗績。晉人謂秦「拜賜之師」。戰於殽也，晉梁弘御戎，萊駒爲右。戰之明日，晉襄公縛秦囚，使萊駒以戈斬之。囚呼，萊駒失戈，狼瞫取戈以斬囚，禽之以從公乘。遂以爲右。箕之役，先軫黜之，而立續簡伯。狼瞫怒。其友曰：「盍死之？」瞫曰：「吾未獲死所。」其友曰：「吾與女爲難。」瞫曰：「《周志》有之：『勇則害上，不登於明堂。』死而不義，非勇也。共享之謂勇。吾以勇求右，無勇而黜，亦其所也。謂上不我知，黜而宜，乃知我矣。子姑待之。」及彭衙，既陳，以其屬馳秦師，死焉。晉師從之，大敗秦師。

君子謂「狼瞫於是乎君子。《詩》曰：『君子如怒，亂庶遄沮。』又曰：『王赫斯怒，爰整其旅。』怒不作亂，而以從師，可謂君子矣。」秦伯猶用孟明。孟明增修國政，重施於民。趙成子言於諸大夫曰：「秦師又至，將必辟之。懼而增德，不可當也。《詩》曰：『毋念爾祖，聿修厥德。』孟明念之矣。念德不怠，其可敵乎？」

丁丑，作僖公主。書不時也。

晉人以公不朝來討，公如晉。夏四月己巳，晉人使陽處父盟公以恥之。書曰「及晉處父盟」，以厭之也。適晉不書，諱之也。

公未至，六月，穆伯會諸侯及晉司空士縠盟於垂隴，晉討衛故也。書「士縠」，堪其事也。

陳侯爲衛請成於晉，執孔達以說。

秋八月丁卯，大事於大廟，躋僖公，逆祀也。於是夏父弗忌爲宗伯，尊僖公，且明見曰：「吾見新鬼大，故鬼小。先大後小，順也。躋聖賢，明也。明、順，禮也。」

君子以爲失禮。禮無不順。祀，國之大事也，而逆之，可謂禮乎？子雖齊聖，不先父食久矣。故禹不先鯀，湯不先契，文、武不先不窋。宋祖帝乙，鄭祖厲王，猶上祖也。是以《魯頌》曰：「春秋匪解，享祀不忒，皇皇后帝，皇祖后稷。」君子曰：「禮，謂其后稷親而先帝也。」《詩》曰：「問我諸姑，遂及伯姊。」君子曰：「禮，謂其姊親而先姑也。」

仲尼曰：「臧文仲，其不仁者三，不知者三。下展禽，廢六關，妾織蒲，三不仁也。作虛器，縱逆祀，祀爰居，三不知也。」

冬，晉先且居、宋公子成、陳轅選、鄭公子歸生伐秦，取汪及彭衙而還，以報彭衙之役。卿不書，爲穆公故，尊秦也，謂之崇德。

襄仲如齊納幣，禮也。凡君即位，好舅甥，修婚姻，娶元妃以奉粢盛，孝也。孝，禮之始也。

經（文公三年）

三年春王正月，叔孫得臣會晉人、宋人、陳人、衛人、鄭人伐沈。沈潰。

夏五月，王子虎卒。

秦人伐晉。

秋，楚人圍江。

雨螽於宋。

冬，公如晉。十有二月己巳，公及晉侯盟。

晉陽處父帥師伐楚以救江。

傳（文公三年）

三年春，莊叔會諸侯之師伐沈，以其服於楚也。沈潰。凡民逃其上曰潰，在上曰逃。

衛侯如陳，拜晉成也。

夏四月乙亥，王叔文公卒，來赴，弔如同盟，禮也。

秦伯伐晉，濟河焚舟，取王官及郊，晉人不出。遂自茅津濟，封殽尸而還。遂霸西戎，用孟明也。

君子是以知秦穆之爲君也，舉人之周也，與人之壹也；孟明之臣也，其不解也，能懼思也；子桑之忠也，其知人也，能舉善也。《詩》曰：「於以采蘩？於沼、於沚。於以用之？公侯之事」，秦穆有焉。「夙夜匪解，以事一人」，孟明有焉。「詒厥孫謀，以燕翼子」，子桑有焉。

秋，雨螽於宋，隊而死也。

楚師圍江，晉先僕伐楚以救江。

冬，晉以江故告於周，王叔桓公、晉陽處父伐楚以救江，門於方城，遇息公子朱而還。

晉人懼其無禮於公也，請改盟。公如晉，及晉侯盟。晉侯饗公，賦《菁菁者莪》。莊叔以公降拜，曰：「小國受命於大國，敢不慎儀？君貺之以大禮，何樂如之？抑小國之樂，大國之惠也。」晉侯降，辭。登，成拜。公賦《嘉樂》。

經（文公四年）

四年春，公至自晉。

夏，逆婦姜於齊。

狄侵齊。

秋，楚人滅江。

晉侯伐秦。

衛侯使甯俞來聘。

冬十有一月壬寅，夫人風氏薨。

傳（文公四年）

四年春，晉人歸孔達於衛，以爲衛之良也，故免之。

夏，衛侯如晉拜。

曹伯如晉會正。

逆婦姜於齊，卿不行，非禮也。君子是以知出姜之不允於魯也，曰：「貴聘而賤逆之，君而卑之，立而廢之，棄信而壞其主，在國必亂，在家必亡。不允宜哉！《詩》曰：『畏天之威，於時保之』，敬主之謂也。」

秋，晉侯伐秦，圍邧、新城，以報王官之役。

楚人滅江，秦伯爲之降服，出次，不舉，過數。大夫諫。公曰：「同盟滅，雖不能救，敢不矜乎？吾自懼也。」

君子曰：「《詩》云：『惟彼二國，其政不獲；惟此四國，爰究爰度』，其秦穆之謂矣。」

衛甯武子來聘，公與之宴，爲賦《湛露》及《彤弓》。不辭，又不答賦。使行人私焉。對曰：「臣以爲肄業及之也。昔諸侯朝正於王，王宴樂之，於是乎賦《湛露》，則天子當陽，諸侯用命也。諸侯敵王所愾，而獻其功，王於是乎賜之彤弓一、彤矢百、玈弓矢千，以覺報宴。今陪臣來繼舊好，君辱貺之，其敢干大禮以自取戾？」

冬，成風薨。

經（文公五年）

五年春王正月，王使榮叔歸含，且賵。

三月辛亥，葬我小君成風。

王使召伯來會葬。

夏，公孫敖如晉。

秦人入鄀。

秋，楚人滅六。

冬十月甲申，許男業卒。

傳（文公五年）

五年春，王使榮叔來含且賵，召昭公來會葬，禮也。

初，鄀叛楚即秦，又貳於楚。夏，秦人入鄀。

六人叛楚即東夷。秋，楚成大心、仲歸帥師滅六。

冬，楚公子燮滅蓼。臧文仲聞六與蓼滅，曰：「皋陶、庭堅不祀忽諸。德之不建，民之無援，哀哉！」

晉陽處父聘於衛，反過甯，甯嬴從之，及温而還，其妻問之，嬴曰：「以剛。《商書》曰：『沈漸剛克，高明柔克。』夫子壹之，其不没乎！天爲剛德，猶不乾時，况在人乎？且華而不實，怨之所聚也。犯而聚怨，不可以定身。余懼不獲其利而離其難，是以去之。」晉趙成子、欒貞子、霍伯、臼季皆卒。

經（文公六年）

六年春，葬許僖公。

夏，季孫行父如陳。

秋，季孫行父如晉。

八月乙亥，晉侯驩卒。

冬十月，公子遂如晉。

葬晉襄公。

晉殺其大夫陽處父。

晉狐射姑出奔狄。

閏月不告月，猶朝於廟。

傳（文公六年）

六年春，晉蒐於夷，舍二軍。使狐射姑將中軍，趙盾佐之。陽處父至自温，改蒐於董，易中軍。陽子，成季之屬也，故黨於趙氏，且謂趙盾能，曰：「使能，國之利也。」是以上之。宣子於是乎始爲國政，制事典，正法罪，辟獄刑，董逋逃，由質要，治舊洿，本秩禮，續常職，出滯淹。既成，以授太傅陽子與大師賈佗，使行諸晉國，以爲常法。

臧文仲以陳、衛之睦也，欲求好於陳。夏，季文子聘於陳，且娶焉。

秦伯任好卒，以子車氏之三子奄息、仲行、鍼虎爲殉，皆秦之良也。國人哀之，爲之賦《黄鳥》。

君子曰：「秦穆之不爲盟主也宜哉！死而棄民。先王違世，猶詒之法，而况奪之善人乎？《詩》云：『人之云亡，邦國殄瘁。』無善人之謂。若之何奪之」？古之王者知命之不長，是以並建聖哲，樹之風聲，分之采物，著之話言，爲之律度，陳之藝極，引之表儀，予之法制，告之訓典，教之防利，委之常秩，道之禮則，使毋失其土宜，衆隸賴之，而後即命。聖王同之。今縱無法以遺後嗣，而又收其良以死，難以在上矣。」君子是以知秦之不復東征也。

秋，季文子將聘於晉，使求遭喪之禮以行。其人曰：「將焉用之？」文子曰：「備豫不虞，古之善教也。求而無之，實難。過求，何害？」

八月乙亥，晉襄公卒。靈公少，晉人以難故，欲立長君。趙孟曰：「立公子雍。好善而長，先君愛之，且近於秦。秦，舊好也。置善則固，事長則順，立愛則孝，結舊則安。爲難故，故欲立長君。有此四德者，難必抒矣。」賈季曰：「不如立公子樂。辰嬴嬖於二君，立其子，民必安之。」趙孟曰：「辰嬴賤，班在九人，其子何震之有？且爲二君嬖，淫也。爲先君子，不能求大，而出在小國，辟也。母淫子辟，無威；陳小而遠，無援，將何安焉？杜祁以君故，讓偪姞而上之；以狄故，讓季隗而己次之，故班在四。先君是以愛其子，而仕諸秦，爲亞卿焉。秦大而近，足以爲援；母義子愛，足以威民。立之，不亦可乎？」使先蔑、士會如秦逆公子雍。賈季亦使召公子樂於陳，趙孟使殺諸郫。

賈季怨陽子之易其班也，而知其無援於晉也，九月，賈季使續鞫居殺陽處父。書曰「晉殺其大夫」，侵官也。

冬十月，襄仲如晉葬襄公。

十一月丙寅，晉殺續簡伯。賈季奔狄。宣子使臾駢送其帑。

夷之蒐，賈季戮臾駢，臾駢之人欲盡殺賈氏以報焉。臾駢曰：「不可。吾聞《前志》有之曰：『敵惠敵怨，不在後嗣，忠之道也。』夫子禮於賈季，我以其寵報私怨，無乃葬晉襄公。
晉殺其大夫陽處父。
晉狐射姑出奔狄。
閏月不告月，猶朝於廟。

傳（文公六年）

六年春，晉蒐於夷，舍二軍。使狐射姑將中軍，趙盾佐之。陽處父至自溫，改蒐於董，易中軍。陽子，成季之屬也，故黨於趙氏，且謂趙盾能，曰：「使能，國之利也。」是以上之。宣子於是乎始為國政，制事典，正法罪，辟獄刑，董逋逃，由質要，治舊洿，本秩禮，續常職，出滯淹。既成，以授大傅陽子與大師賈佗，使行諸晉國，以為常法。

臧文仲以陳、衞之睦也，欲求好於陳。夏，季文子聘於陳，且娶焉。

秦伯任好卒，以子車氏之三子奄息、仲行、鍼虎為殉，皆秦之良也。國人哀之，為之賦《黃鳥》。君子曰：「秦穆之不為盟主也宜哉！死而棄民。先王違世，猶詒之法，而況奪之善人乎？《詩》云：『人之云亡，邦國殄瘁。』無善人之謂。若之何奪之？古之王者知命之不長，是以並建聖哲，樹之風聲，分之采物，著之話言，為之律度，陳之藝極，引之表儀，予之法制，告之訓典，教之防利，委之常秩，道之禮則，使毋失其土宜，眾隸賴之，而後即命。聖王同之。今縱無法以遺後嗣，而又收其良以死，難以在上矣。」君子是以知秦之不復東征也。

秋，季文子將聘於晉，使求遭喪之禮以行。其人曰：「將焉用之？」文子曰：「備豫不虞，古之善教也。求而無之，實難。過求，何害？」

八月乙亥，晉襄公卒。靈公少，晉人以難故，欲立長君。趙孟曰：「立公子雍。好善而長，先君愛之，且近於秦。秦，舊好也。置善則固，事長則順，立愛則孝，結舊則安。為難故，故欲立長君。有此四德者，難必抒矣。」賈季曰：「不如立公子樂。辰嬴嬖於二君，立其子，民必安之。」趙孟曰：「辰嬴賤，班在九人，其子何震之有？且為二君嬖，淫也。為先君子，不能求大，而出在小國，辟也。母淫子辟，無威；陳小而遠，無援。將何安焉？杜祁以君故，讓偪姞而上之；以狄故，讓季隗而己次之，故班在四。先君是以愛其子，而仕諸秦，為亞卿焉。秦大而近，足以為援；母義子愛，足以威民。立之，不亦可乎？」使先蔑、士會如秦逆公子雍。賈季亦使召公子樂於陳，趙孟使殺諸郫。

賈季怨陽子之易其班也，而知其無援於晉也，九月，賈季使續鞫居殺陽處父。書曰「晉殺其大夫」，侵官也。

冬十月，襄仲如晉葬襄公。

十一月丙寅，晉殺續簡伯。賈季奔狄。宣子使臾駢送其帑。

夷之蒐，賈季戮臾駢，臾駢之人欲盡殺賈氏以報焉。臾駢曰：「不可。吾聞《前志》有之曰：『敵惠敵怨，不在後嗣』，忠之道也。」夫子禮於賈季，我以其寵報私怨，無乃不可乎？介人之寵，非勇也。損怨益仇，非知也。以私害公，非忠也。釋此三者，何以事夫子？」盡具其帑與其器用財賄，親帥捍之，送致諸竟。

閏月不告朔，非禮也。閏以正時，時以作事，事以厚生，生民之道於是乎在矣。不告閏朔，棄時政也，何以爲民？

經（文公七年）

七年春，公伐邾。

三月甲戌，取須句。

遂城郚。

夏四月，宋公王臣卒。

宋人殺其大夫。

戊子，晉人及秦人戰於令狐。晉先蔑奔秦。

狄侵我西鄙。

秋八月，公會諸侯、晉大夫，盟於扈。

冬，徐伐莒。

公孫敖如莒莅盟。

傳（文公七年）

七年春，公伐邾，間晉難也。

三月甲戌，取須句，寘文公子焉，非禮也。

夏四月，宋成公卒。於是公子成爲右師，公孫友爲左師，樂豫爲司馬，鱗矔爲司徒，公子蕩爲司城，華御事爲司寇。

昭公將去羣公子，樂豫曰：「不可。公族，公室之枝葉也，若去之，則本根無所庇蔭矣。葛藟猶能庇其本根，故君子以爲比，況國君乎？此諺所謂『庇焉而縱尋斧焉』者也。必不可。君其圖之！親之以德，皆股肱也，誰敢攜貳？若之何去之？」不聽。穆、襄之族率國人以攻公，殺公孫固、公孫鄭於公宮。六卿和公室，樂豫舍司馬以讓公子卬。昭公即位而葬。書曰「宋人殺其大夫」，不稱名，衆也，且言非其罪也。

秦康公送公子雍於晉，曰：「文公之入也無衛，故有呂、郤之難。」乃多與之徒衛。

穆嬴日抱大子以啼於朝，曰：「先君何罪？其嗣亦何罪？舍適嗣不立而外求君，將焉寘此？」出朝，則抱以適趙氏，頓首於宣子曰：「先君奉此子也而屬諸子曰：『此子也才，吾受子之賜；不才，吾唯子之怨。』今君雖終，言猶在耳，而棄之，若何？」宣子與諸大夫皆患穆嬴，且畏偪，乃背先蔑而立靈公，以禦秦師。箕鄭居守。趙盾將中軍，先克佐之；荀林父佐上軍；先蔑將下軍，先都佐之。步招御戎，戎津爲右。及堇陰。宣子曰：「我若受秦，秦則賓也；不受，寇也。既不受矣，而復緩師，秦將生心。先人有奪人之心，軍之善謀也。逐寇如追逃，軍之善政也。」訓卒，利兵，秣馬，蓐食，潛師夜起。戊子，敗秦師於令狐，至於刳首。

己丑，先蔑奔秦，士會從之。

先蔑之使也，荀林父止之，曰：「夫人、大子猶在，而外求君，此必不行。子以疾辭，若何？不然，將及。攝卿以往，可也，何必子？同官爲寮，吾嘗同寮，敢不盡心乎？」弗聽。爲賦《板》之三章，又弗聽。及亡，荀伯盡送其帑及其器用財賄於秦，曰：「爲同寮故也。」

士會在秦三年，不見士伯。其人曰：「能亡人於國，不能見於此，焉用之？」士季曰：「吾與之同罪，非義之也，將何見焉？」及歸，遂不見。

狄侵我西鄙，公使告於晉。趙宣子使因賈季問酆舒，且讓之。酆舒問於賈季曰：「趙衰、趙盾孰賢？」對曰：「趙衰，冬日之日也；趙盾，夏日之日也。」

秋八月，齊侯、宋公、衛侯、陳侯、鄭伯、許男、曹伯會晉趙盾，盟於扈，晉侯立故也。公後至，故不書所會。凡會諸侯，不書所會，後也。後至，不書其國，辟不敏也。

穆伯娶於莒，曰戴己，生文伯；其娣聲己生惠叔。戴己卒，又聘於莒，莒人以聲己辭，則爲襄仲聘焉。

冬，徐伐莒，莒人來請盟，穆伯如莒莅盟，且爲仲逆。及鄢陵，登城見之，美，自爲娶之。仲請攻之，公將許之。叔仲惠伯諫曰：「臣聞之：『兵作於内爲亂，於外爲寇；寇猶及人，亂自及也。』今臣作亂而君不禁，以啓寇讎，若之何？」公止之。惠伯成之，使仲舍之，公孫敖反之，復爲兄弟如初。從之。

晉郤缺言於趙宣子曰：「日衛不睦，故取其地。今已睦矣，可以歸之。叛而不討，何以示威？服而不柔，何以示懷？非威非懷，何以示德？無德，何以主盟？子爲正卿，以主諸侯，而不務德，將若之何？《夏書》曰：『戒之用休，董之用威，勸之以《九歌》，勿使壞。』九功之德皆可歌也，謂之《九歌》。六府、三事，謂之九功。水、火、金、木、土、穀，謂之六府；正德、利用、厚生，謂之三事。義而行之，謂之德、禮。無禮不樂，所由叛也。若吾子之德，莫可歌也，其誰來之？盍使睦者歌吾子乎？」宣子説之。

經（文公八年）

八年春王正月。

夏四月。

秋八月戊申，天王崩。

冬十月壬午，公子遂會晉趙盾，盟於衡雍。

乙酉，公子遂會雒戎，盟於暴。

公孫敖如京師，不至而復。丙戌，奔莒。

螽。

宋人殺其大夫司馬。宋司城來奔。

傳（文公八年）

八年春，晉侯使解揚歸匡、戚之田於衛，且復致公壻池之封，自申至於虎牢之竟。

夏，秦人伐晉，取武城，以報令狐之役。

秋，襄王崩。

晉人以扈之盟來討。冬，襄仲會晉趙孟盟於衡雍，報扈之盟也。遂會伊雒之戎。書曰「公子遂」，珍之也。

穆伯如周弔喪，不至，以幣奔莒，從己氏焉。

宋襄夫人，襄王之姊也，昭公不禮焉。夫人因戴氏之族，以殺襄公之孫孔叔、公孫鍾離及大司馬公子卬，皆昭公之黨也。司馬握節以死，故書以官。司城蕩意諸來奔，效節於府人而出。公以其官逆之，皆復之。亦書以官，皆貴之也。

夷之蒐，晉侯將登箕鄭父、先都，而使士縠、梁益耳將中軍。先克曰：「狐、趙之勛，不可廢也。」從之。先克奪蒯得田於堇陰。故箕鄭父、先都、士縠、梁益耳、蒯得作亂。

經（文公九年）

九年春，毛伯來求金。

夫人姜氏如齊。

二月，叔孫得臣如京師。辛丑，葬襄王。

晉人殺其大夫先都。

三月，夫人姜氏至自齊。

晉人殺其大夫士縠及箕鄭父。

楚人伐鄭。

公子遂會晉人、宋人、衛人、許人，救鄭。

夏，狄侵齊。

秋八月，曹伯襄卒。

九月癸酉，地震。

冬，楚子使椒來聘。

秦人來歸僖公、成風之襚。

葬曹共公。

傳（文公九年）

九年春王正月己酉，使賊殺先克。乙丑，晉人殺先都、梁益耳。

毛伯衛來求金，非禮也。不書王命，未葬也。

二月，莊叔如周葬襄王。

三月甲戌，晉人殺箕鄭父、士縠、蒯得。

范山言於楚子曰：「晉君少，不在諸侯，北方可圖也。」楚子師於狼淵以伐鄭。囚公子堅、公子尨及樂耳。鄭及楚平。

公子遂會晉趙盾、宋華耦、衛孔達、許大夫救鄭，不及楚師。卿不書，緩也，以懲不恪。

夏，楚侵陳，克壺丘，以其服於晉也。

秋，楚公子朱自東夷伐陳，陳人敗之，獲公子茷。陳懼，乃及楚平。

冬，楚子越椒來聘，執幣傲。叔仲惠伯曰：「是必滅若敖氏之宗。傲其先君，神弗福也。」

秦人來歸僖公、成風之襚，禮也。諸侯相弔賀也，雖不當事，苟有禮焉，書也，以無忘舊好。

經（文公十年）

十年春王三月辛卯，臧孫辰卒。

夏，秦伐晉。

楚殺其大夫宜申。

自正月不雨，至於秋七月。

及蘇子盟於女栗。

冬，狄侵宋。

楚子、蔡侯次於厥貉。

傳（文公十年）

十年春，晉人伐秦，取少梁。

夏，秦伯伐晉，取北徵。

初，楚范巫矞似謂成王與子玉、子西曰：「三君皆將强死。」城濮之役，王思之，故使止子玉曰：「毋死。」不及。止子西，子西縊而縣絶，王使適至，遂止之，使爲商公。沿漢泝江，將入郢。王在渚宮，下，見之，懼而辭曰：「臣免於死，又有讒言，謂臣將逃，臣歸死於司敗也。」王使爲工尹，又與子家謀弒穆王。穆王聞之，五月，殺鬬宜申及仲歸。

秋七月，及蘇子盟於女栗，頃王立故也。

陳侯、鄭伯會楚子於息。冬，遂及蔡侯次於厥貉，將以伐宋。宋華御事曰：「楚欲弱我也，先爲之弱乎？何必使誘我？我實不能，民何罪？」乃逆楚子，勞且聽命。遂道以田孟諸。宋公爲右盂，鄭伯爲左盂。期思公復遂爲右司馬，子朱及文之無畏爲左司馬，命夙駕載燧。宋公違命，無畏抶其僕以徇。或謂子舟曰：「國君不可戮也。」子舟曰：「當官而行，何彊之有？《詩》曰：『剛亦不吐，柔亦不茹』，『毋縱詭隨，以謹罔極』。是亦非辟彊也。敢愛死以亂官乎？」

厥貉之會，麇子逃歸。

經（文公十一年）

十有一年春，楚子伐麇。

夏，叔彭生會晉郤缺於承匡。

秋，曹伯來朝。

公子遂如宋。

狄侵齊。

冬十月甲午，叔孫得臣敗狄於鹹。

傳（文公十一年）

十一年春，楚子伐麇。成大心敗麇師於防渚。潘崇復伐麇，至於鍚穴。

夏，叔仲惠伯會晉郤缺於承匡，謀諸侯之從於楚者。

秋，曹文公來朝，即位而來見也。

襄仲聘於宋，且言司城蕩意諸而復之。因賀楚師之不害也。

鄋瞞侵齊，遂伐我。公卜使叔孫得臣追之，吉。侯叔夏御莊叔，緜房甥爲右，富父終甥駟乘。冬十月甲午，敗狄於鹹，獲長狄僑如。富父終甥其喉以戈，殺之。埋其首於子駒之門。以命宣伯。

初，宋武公之世，鄋瞞伐宋。司徒皇父帥師禦之。耏班御皇父充石，公子穀甥爲右，司寇牛父駟乘，以敗狄於長丘，獲長狄緣斯。皇父之二子死焉，宋公於是以門賞耏班，使食其征，謂之耏門。

晉之滅潞也，獲僑如之弟焚如。齊襄公之二年，鄋瞞伐齊。齊王子成父獲其弟榮如。埋其首於周首之北門。衛人獲其季弟簡如。鄋瞞由是遂亡。

郕大子朱儒自安於夫鍾，國人弗徇。

經（文公十二年）

十有二年春王正月，郕伯來奔。

杞伯來朝。

二月庚子，子叔姬卒。

夏，楚人圍巢。

秋，滕子來朝。

秦伯使術來聘。

冬十有二月戊午，晉人、秦人戰於河曲。

季孫行父帥師城諸及鄆。

傳（文公十二年）

十二年春，郕伯卒，郕人立君。大子以夫鍾與郕邽來奔。公以諸侯逆之，非禮也，故書曰「郕伯來奔」。不書地，尊諸侯也。

杞桓公來朝，始朝公也。且請絶叔姬而無絶婚，公許之。二月，叔姬卒。不言「杞」，絶也。書「叔姬」，言非女也。

楚令尹大孫伯卒，成嘉爲令尹。羣舒叛楚。夏，子孔執舒子平及宗子，遂圍巢。

秋，滕昭公來朝，亦始朝公也。

秦伯使西乞術來聘，且言將伐晉。襄仲辭玉，曰：「君不忘先君之好，照臨魯國，鎮撫其社稷，重之以大器，寡君敢辭玉。」對曰：「不腆敝器，不足辭也。」主人三辭。賓答曰：「寡君願徼福於周公、魯公以事君，不腆先君之敝器，使下臣致諸執事，以爲瑞節，要結好命，所以藉寡君之命，結二國之好，是以敢致之。」襄仲曰：「不有君子，

其能國乎？國無陋矣。」厚賄之。

秦爲令狐之役故，冬，秦伯伐晉，取羈馬。晉人禦之。趙盾將中軍，荀林父佐之。郤缺將上軍，臾駢佐之。欒盾將下軍，胥甲佐之。范無恤御戎，以從秦師於河曲。臾駢曰：「秦不能久，請深壘固軍以待之。」從之。秦人欲戰。秦伯謂士會曰：「若何而戰？」對曰：「趙氏新出其屬曰臾駢，必實爲此謀，將以老我師也。趙有側室曰穿，晉君之壻也，有寵而弱，不在軍事；好勇而狂，且惡臾駢之佐上軍也。若使輕者肆焉，其可。」秦伯以璧祈戰於河。

十二月戊午，秦軍掩晉上軍。趙穿追之不及。反，怒曰：「裹糧坐甲，固敵是求。敵至不擊，將何俟焉？」軍吏曰：「將有待也。」穿曰：「我不知謀，將獨出。」乃以其屬出。宣子曰：「秦獲穿也，獲一卿矣。秦以勝歸，我何以報？」乃皆出戰，交綏。秦行人夜戒晉師曰：「兩君之士皆未憖也，明日請相見也。」臾駢曰：「使者目動而言肆，懼我也，將遁矣。薄諸河，必敗之。」胥甲、趙穿當軍門呼曰：「死傷未收而棄之，不惠也。不待期而薄人於險，無勇也。」乃止。秦師夜遁。復侵晉，入瑕。

城諸及鄆，書時也。

經（文公十三年）

十有三年春王正月。

夏五月壬午，陳侯朔卒。

邾子蘧蒢卒。

自正月不雨，至於秋七月。

大室屋壞。

冬，公如晉。衛侯會公於沓。

狄侵衛。

十有二月己丑，公及晉侯盟。

公還自晉，鄭伯會公於棐。

傳（文公十三年）

十三年春，晉侯使詹嘉處瑕，以守桃林之塞。

晉人患秦之用士會也，夏，六卿相見於諸浮。趙宣子曰：「隨會在秦，賈季在狄，難日至矣，若之何？」中行桓子曰：「請復賈季，能外事，且由舊勳。」郤成子曰：「賈季亂，且罪大，不如隨會。能賤而有恥，柔而不犯；其知足使也。且無罪。」

乃使魏壽餘僞以魏叛者，以誘士會。執其帑於晉，使夜逸。請自歸於秦，秦伯許之。履士會之足於朝，秦伯師於河西，魏人在東。壽餘曰：「請東人之能與夫二三有司言者，吾與之先。」使士會。士會辭曰：「晉人，虎狼也。若背其言，臣死、妻子爲戮，無益於君，不可悔也。」秦伯曰：「若背其言，所不歸爾帑者，有如河！」乃行。繞朝贈之以策，曰：「子無謂秦無人，吾謀適不用也。」既濟，魏人譟而還。秦人歸其帑。其處者爲劉氏。

邾文公卜遷於繹。史曰：「利於民而不利於君。」邾子曰：「苟利於民，孤之利也。天生民而樹之君，以利之也。民既利矣，孤必與焉。」左右曰：「命可長也，君何弗爲？」邾子曰：「命在養民。死之短長，時也。民苟利矣，遷也，吉莫如之！」遂遷於繹。五月，邾文公卒。君子曰：「知命。」

秋七月，大室之屋壞，書不共也。

冬，公如晉朝，且尋盟。衛侯會公於沓，請平於晉。公還，鄭伯會公於棐，亦請平於晉。公皆成之。鄭伯與公宴於棐，子家賦《鴻雁》。季文子曰：「寡君未免於此。」文子賦《四月》。子家賦《載馳》之四章。文子賦《采薇》之四章。鄭伯拜。公答拜。

經（文公十四年）

十有四年春王正月，公至自晉。

邾人伐我南鄙，叔彭生帥師伐邾。

夏五月乙亥，齊侯潘卒。

六月，公會宋公、陳侯、衛侯、鄭伯、許男、曹伯、晉趙盾。癸酉，同盟於新城。

公至自會。

秋七月，有星孛入於北斗。

晉人納捷菑於邾，弗克納。

九月甲申，公孫敖卒於齊。

齊公子商人弒其君舍。

宋子哀來奔。

冬，單伯如齊。

齊人執單伯。

齊人執子叔姬。

傳（文公十四年）

十四年春，頃王崩。周公閱與王孫蘇爭政，故不赴。凡崩、薨，不赴，則不書。禍、福，不告，亦不書。懲不敬也。

邾文公之卒也，公使弔焉，不敬。邾人來討，伐我南鄙，故惠伯伐邾。

子叔姬妃齊昭公，生舍。叔姬無寵，舍無威。公子商人驟施於國。而多聚士，盡其家，貸於公有司以繼之。夏五月，昭公卒，舍即位。

邾文公元妃齊姜，生定公；二妃晉姬，生捷菑。文公卒，邾人立定公。捷菑奔晉。

六月，同盟於新城，從於楚者服，且謀邾也。

秋七月乙卯，夜，齊商人殺舍而讓元。元曰：「爾求之久矣。我能事爾，爾不可使多蓄憾，將免我乎？爾爲之！」

有星孛入於北斗。周內史叔服曰：「不出七年，宋、齊、晉之君皆將死亂。」

晉趙盾以諸侯之師八百乘納捷菑於邾。邾人辭曰：「齊出貜且長。」宣子曰：「辭順，而弗從，不祥。」乃還。

周公將與王孫蘇訟於晉，王叛王孫蘇，而使尹氏與聃啓訟周公於晉。趙宣子平王室而復之。

楚莊王立，子孔、潘崇將襲羣舒，使公子燮與子儀守，而伐舒蓼。二子作亂。城郢，而使賊殺子孔，不克而還。八月，二子以楚子出。將如商密，廬戢梨及叔麇誘之，遂殺鬬克及公子燮。

初，鬬克囚於秦，秦有殽之敗，而使歸求成。成而不得志，公子燮求令尹而不得，故二子作亂。

穆伯之從己氏也，魯人立文伯。穆伯生二子於莒，而求復。文伯以爲請。襄仲使無朝聽命。復而不出。三年而盡室以復適莒。文伯疾，而請曰：「穀之子弱，請立難也。」許之。文伯卒，立惠叔。穆伯請重賂以求復。惠叔以爲請，許之。將來，九月，卒於齊。告喪，請葬，弗許。

宋高哀爲蕭封人，以爲卿，不義宋公而出，遂來奔。書曰「宋子哀來奔」，貴之也。

齊人定懿公，使來告難，故書以「九月」。齊公子元不順懿公之爲政也，終不曰「公」，曰「夫己氏」。

襄仲使告於王，請以王寵求昭姬於齊，曰：「殺其子，焉用其母？請受而罪之。」

冬，單伯如齊請子叔姬，齊人執之。又執子叔姬。

經（文公十五年）

十有五年春，季孫行父如晉。

三月，宋司馬華孫來盟。

夏，曹伯來朝。

齊人歸公孫敖之喪。

六月辛丑朔，日有食之。鼓、用牲於社。

單伯至自齊。

晉郤缺帥師伐蔡。戊申，入蔡。

秋，齊人侵我西鄙。

季孫行父如晉。

冬十有一月，諸侯盟於扈。

十有二月，齊人來歸子叔姬。

齊侯侵我西鄙，遂伐曹，入其郛。

傳（文公十五年）

十五年春，季文子如晉，爲單伯與子叔姬故也。

三月，宋華耦來盟，其官皆從之。書曰「宋司馬華孫」，貴之也。公與之宴。辭曰：「君之先臣督得罪於宋殤公，名在諸侯之策。臣承其祀，其敢辱君？請承命於亞旅。」魯人以爲敏。

夏，曹伯來朝，禮也。諸侯五年再相朝，以修王命，古之制也。

齊人或爲孟氏謀，曰：「魯，爾親也，飾棺寘諸堂阜，魯必取之。」從之。卞人以告。惠叔猶毀以爲請，立於朝以待命。許之。取而殯之。齊人送之。書曰「齊人歸公孫敖之喪」，爲孟氏，且國故也。葬視共仲。聲己不視，帷堂而哭。襄仲欲勿哭。惠伯曰：「喪，親之終也。雖不能始，善終可也。史佚有言曰：『兄弟致美。』救乏、賀善、弔災、祭敬、喪哀，情雖不同，毋絶其愛，親之道也。子無失道，何怨於人？」襄仲說。帥兄弟以哭之。

他年，其二子來，孟獻子愛之，聞於國。或譖之曰：「將殺子。」獻子以告季文子。二子曰：「夫子以愛我聞，我以將殺子聞，不亦遠於禮乎？遠禮不如死。」一人門於句鼆，一人門於戾丘，皆死。

六月辛丑朔，日有食之。鼓、用牲於社，非禮也。日有食之，天子不舉，伐鼓於社；諸侯用幣於社，伐鼓於朝，以昭事神、訓民、事君，示有等威，古之道也。

齊人許單伯請而赦之，使來致命。書曰「單伯至自齊」，貴之也。

新城之盟，蔡人不與。晉郤缺以上軍、下軍伐蔡，曰：「君弱，不可以怠。」戊申，入蔡，以城下之盟而還。凡勝國，曰滅之；獲大城焉，曰入之。

秋，齊人侵我西鄙，故季文子告於晉。

冬十一月，晉侯、宋公、衛侯、蔡侯、陳侯、鄭伯、許男、曹伯盟於扈，尋新城之盟，且謀伐齊也。齊人賂晉侯，故不克而還。於是有齊難，是以公不會。書曰「諸侯盟於扈」，無能爲故也。凡諸侯會，公不與，不書，諱君惡也。與而不書，後也。

齊人來歸子叔姬，王故也。

齊侯侵我西鄙，謂諸侯不能也。遂伐曹，入其郛，討其來朝也。季文子曰：「齊侯其不免乎？己則無禮，而討於有禮者，曰：『女何故行禮？』禮以順天，天之道也。己則反天，而又以討人，難以免矣。《詩》曰：『胡不相畏？不畏於天。』君子之不虐幼賤，畏於天也。在《周》頌曰：『畏天之威，於時保之。』不畏於天，將何能保？以亂取國，奉禮以守，猶懼不終；多行無禮，弗能在矣。」

經（文公十六年）

十有六年春，季孫行父會齊侯於陽穀，齊侯弗及盟。

夏五月，公四不視朔。

六月戊辰，公子遂及齊侯盟於郪丘。

秋八月辛未，夫人姜氏薨。

毁泉臺。

楚人、秦人、巴人滅庸。

冬十有一月，宋人弑其君杵臼。

傳（文公十六年）

十六年春王正月，及齊平。公有疾，使季文子會齊侯於陽穀。請盟，齊侯不肯，

曰：「請俟君間。」

夏五月，公四不視朔，疾也。公使襄仲納賂於齊侯，故盟於郪丘。

有蛇自泉宮出，入於國，如先君之數。秋八月辛未，聲姜薨。毀泉臺。

楚大饑，戎伐其西南，至於阜山，師於大林。又伐其東南，至於陽丘，以侵訾枝。庸人帥羣蠻以叛楚，麇人率百濮聚於選，將伐楚。於是申、息之北門不啓。

楚人謀徙於阪高。蔿賈曰：「不可。我能往，寇亦能往，不如伐庸。夫麇與百濮，謂我饑不能師，故伐我也。若我出師，必懼而歸。百濮離居，將各走其邑，誰暇謀人？」乃出師。旬有五日，百濮乃罷。

自廬以往，振廩同食。次於句澨。使廬戢梨侵庸，及庸方城。庸人逐之，囚子揚窗。三宿而逸，曰：「庸師衆，羣蠻聚焉，不如復大師，且起王卒，合而後進。」師叔曰：「不可。姑又與之遇以驕之。彼驕我怒，而後可克，先君蚡冒所以服陘隰也。」又與之遇，七遇皆北，唯裨、儵、魚人實逐之。

庸人曰：「楚不足與戰矣。」遂不設備。楚子乘馹，會師於臨品，分爲二隊，子越自石溪，子貝自仞以伐庸。秦人、巴人從楚師。羣蠻從楚子盟，遂滅庸。

宋公子鮑禮於國人，宋饑，竭其粟而貸之。年自七十以上，無不饋詒也，時加羞珍異。無日不數於六卿之門。國之材人，無不事也；親自桓以下，無不恤也。公子鮑美而艷，襄夫人欲通之，而不可，乃助之施。昭公無道，國人奉公子鮑以因夫人。於是華元爲右師，公孫友爲左師，華耦爲司馬，鱗鱹爲司徒，蕩意諸爲司城，公子朝爲司寇。

初，司城蕩卒，公孫壽辭司城，請使意諸爲之。既而告人曰：「君無道，吾官近，懼及焉。棄官，則族無所庇。子，身之貳也，姑紓死焉。雖亡子，猶不亡族。」

既，夫人將使公田孟諸而殺之。公知之，盡以寶行。蕩意諸曰：「盍適諸侯？」公曰：「不能其大夫至於君祖母以及國人，諸侯誰納我？且既爲人君，而又爲人臣，不如死。」盡以其寶賜左右而使行。夫人使謂司城去公。對曰：「臣之而逃其難，若後君何？」

冬十一月甲寅，宋昭公將田孟諸，未至，夫人王姬使帥甸攻而殺之。蕩意諸死之。書曰「宋人弒其君杵臼」，君無道也。

文公即位，使母弟須爲司城。華耦卒，而使蕩虺爲司馬。

經（文公十七年）

十有七年春，晉人、衛人、陳人、鄭人伐宋。

夏四月癸亥，葬我小君聲姜。

齊侯伐我西鄙。六月癸未，公及齊侯盟於穀。

諸侯會於扈。

秋，公至自穀。

冬，公子遂如齊。

傳（文公十七年）

十七年春，晉荀林父、衛孔達、陳公孫甯、鄭石楚伐宋，討曰：「何故弒君？」猶

立文公而還。卿不書，失其所也。

夏四月癸亥，葬聲姜。有齊難，是以緩。

齊侯伐我北鄙，襄仲請盟。六月，盟於穀。

晉侯蒐於黃父，遂復合諸侯於扈，平宋也。公不與會，齊難故也。書曰「諸侯」，無功也。於是晉侯不見鄭伯，以爲貳於楚也。鄭子家使執訊而與之書，以告趙宣子，曰：「寡君即位三年，召蔡侯而與之事君。九月，蔡侯入於敝邑以行。敝邑以侯宣多之難，寡君是以不得與蔡侯偕。十一月，克減侯宣多，而隨蔡侯以朝於執事。十二年六月，歸生佐寡君之嫡夷，以請陳侯於楚而朝諸君。十四年七月，寡君又朝以蕆陳事。十五年五月，陳侯自敝邑往朝於君。往年正月，燭之武往朝夷也。八月，寡君又往朝。以陳、蔡之密邇於楚，而不敢貳焉，則敝邑之故也。雖敝邑之事君，何以不免？在位之中，一朝於襄，而再見於君。夷與孤之二三臣相及於絳。雖我小國，則蔑以過之矣。今大國曰：『爾未逞吾志。』敝邑有亡，無以加焉。

「古人有言曰：『畏首畏尾，身其餘幾？』又曰：『鹿死不擇音。』小國之事大國也：德，則其人也；不德，則其鹿也，鋌而走險，急何能擇？命之罔極，亦知亡矣，將悉敝賦以待於儵。唯執事命之。文公二年六月壬申，朝於齊。四年，二月壬戌，爲齊侵蔡，亦獲成於楚。居大國之間，而從於强令，豈其罪也？大國若弗圖，無所逃命。」晉鞏朔行成於鄭，趙穿、公壻池爲質焉。

秋，周甘歜敗戎於邥垂，乘其飲酒也。

冬十月，鄭大子夷、石楚爲質於晉。

襄仲如齊，拜穀之盟。復曰：「臣聞齊人將食魯之麥。以臣觀之，將不能。齊君之語偷。臧文仲有言曰：『民主偷，必死。』」

經（文公十八年）

十有八年春王二月丁丑，公薨於臺下。

秦伯罃卒。

夏五月戊戌，齊人弑其君商人。

六月癸酉，葬我君文公。

秋，公子遂、叔孫得臣如齊。

冬十月，子卒。

夫人姜氏歸於齊。

季孫行父如齊。

莒弑其君庶其。

傳（文公十八年）

十八年春，齊侯戒師期，而有疾。醫曰：「不及秋，將死。」公聞之，卜，曰：「尚無及期！」惠伯令龜。卜楚丘占之，曰：「齊侯不及期，非疾也；君亦不聞。令龜有咎。」二月丁丑，公薨。

齊懿公之爲公子也，與邴歜之父爭田，弗勝。及即位，乃掘而刖之，而使歜僕。納閻職之妻，而使職驂乘。

夏五月，公游於申池。二人浴於池，歜以撲抶職。職怒。歜曰：「人奪女妻而不怒，一抶女，庸何傷？」職曰：「與刖其父而弗能病者何如？」乃謀弒懿公，納諸竹中。歸，舍爵而行。齊人立公子元。

六月，葬文公。

秋，襄仲、莊叔如齊，惠公立故，且拜葬也。

文公二妃敬嬴生宣公。敬嬴嬖，而私事襄仲。宣公長，而屬諸襄仲。襄仲欲立之，叔仲不可。仲見於齊侯而請之。齊侯新立，而欲親魯，許之。

冬十月，仲殺惡及視，而立宣公。書曰「子卒」，諱之也。

仲以君命召惠伯，其宰公冉務人止之曰：「入必死。」叔仲曰：「死君命可也。」公冉務人曰：「若君命，可死；非君命，何聽？」弗聽，乃入，殺而埋之馬矢之中。公冉務人奉其帑以奔蔡，既而復叔仲氏。

夫人姜氏歸於齊，大歸也。將行，哭而過市，曰：「天乎！仲爲不道，殺嫡立庶。」市人皆哭。魯人謂之哀姜。

莒紀公生大子僕，又生季佗，愛季佗而黜僕，且多行無禮於國。僕因國人以弒紀公，以其寶玉來奔，納諸宣公。公命與之邑，曰：「今日必授！」季文子使司寇出諸竟，曰：「今日必達！」公問其故。季文子使大史克對曰：「先大夫臧文仲教行父事君之禮，行父奉以周旋，弗敢失隊，曰：『見有禮於其君者，事之，如孝子之養父母也；見無禮於其君者，誅之，如鷹鸇之逐鳥雀也。』先君周公制《周禮》曰：『則以觀德，德以處事，事以度功，功以食民。』作《誓命》曰：『毀則爲賊，掩賊爲藏。竊賄爲盜，盜器爲姦。主藏之名，賴姦之用，爲大凶德，有常，無赦。在九刑不忘。』行父還觀莒僕，莫可則也。孝敬、忠信爲基德，盜賊、藏姦爲凶德。夫莒僕，則其孝敬，則弒君父矣；則其忠信，則竊寶玉矣。其人，則盜賊也；其器，則姦兆也。保而利之，則主藏也。以訓則昏，民無則焉。不度於善，而皆在於凶德，是以去之。

「昔高陽氏有才子八人：蒼舒、隤敳、檮戭、大臨、尨降、庭堅、仲容、叔達，齊、聖、廣、淵、明、允、篤、誠，天下之民謂之八愷。高辛氏有才子八人：伯奮、仲堪、叔獻、季仲、伯虎、仲熊、叔豹、季貍，忠、肅、共、懿、宣、慈、惠、和，天下之民謂之八元。此十六族也，世濟其美，不隕其名。以至於堯，堯不能舉。舜臣堯，舉八愷，使主后土，以揆百事，莫不時序，地平天成。舉八元，使布五教於四方，父義、母慈、兄友、弟共、子孝，内平外成。

「昔帝鴻氏有不才子，掩義隱賊，好行凶德；醜類惡物。頑嚚不友，是與比周，天下之民謂之渾敦。少皞氏有不才子，毀信廢忠，崇飾惡言；靖譖庸回，服讒蒐慝，以誣盛德，天下之民謂之窮奇。顓頊氏有不才子，不可教訓，不知話言；告之則頑，舍之則嚚，傲很明德，以亂天常，天下之民謂之檮杌。此三族也，世濟其凶，增其惡名，以至於堯，堯不能去。縉雲氏有不才子，貪於飲食，冒於貨賄，侵欲崇侈，不可盈厭，聚斂

積實，不知紀極，不分孤寡，不恤窮匱，天下之民以比三凶，謂之饕餮。舜臣堯，賓於四門，流四凶族，渾敦、窮奇、檮杌、饕餮，投諸四裔，以禦螭魅。是以堯崩而天下如一，同心戴舜，以爲天子，以其舉十六相、去四凶也。故《虞書》數舜之功，曰『慎徽五典，五典克從』，無違教也。曰『納於百揆，百揆時序』，無廢事也。曰『賓於四門，四門穆穆』，無凶人也。

「舜有大功二十而爲天子，今行父雖未獲一吉人，去一凶矣。於舜之功，二十之一也，庶幾免於戾乎！」

宋武氏之族道昭公子，將奉司城須以作亂。十二月，宋公殺母弟須及昭公子，使戴、莊、桓之族攻武氏於司馬子伯之館，遂出武、穆之族。使公孫師爲司城。公子朝卒，使樂呂爲司寇，以靖國人。

宣公

經（宣公元年）

元年春王正月，公即位。

公子遂如齊逆女。

三月，遂以夫人婦姜至自齊。

夏，季孫行父如齊。

晉放其大夫胥甲父於衛。

公會齊侯於平州。

公子遂如齊。

六月，齊人取濟西田。

秋，邾子來朝。

楚子、鄭人侵陳，遂侵宋。晉趙盾帥師救陳。宋公、陳侯、衛侯、曹伯會晉師於棐林，伐鄭。

冬，晉趙穿帥師侵崇。

晉人、宋人伐鄭。

傳（宣公元年）

元年春王正月，公子遂如齊逆女。尊君命也。

三月，遂以夫人婦姜至自齊。尊夫人也。

夏，季文子如齊，納賂以請會。

晉人討不用命者，放胥甲父於衛。而立胥克。先辛奔齊。

會於平州，以定公位。

東門襄仲如齊拜成。

六月，齊人取濟西之田，爲立公故，以賂齊也。

宋人之弑昭公也，晉荀林父以諸侯之師伐宋，宋及晉平，宋文公受盟於晉。又會諸侯於扈，將爲魯討齊，皆取賂而還。鄭穆公曰：「晉不足與也。」遂受盟於楚。陳共公之卒，楚人不禮焉。陳靈公受盟於晉。秋，楚子侵陳，遂侵宋。晉趙盾帥師救陳、宋。會於棐林，以伐鄭也。楚蔿賈救鄭，遇於北林，囚晉解揚。晉人乃還。

晉欲求成於秦。趙穿曰：「我侵崇，秦急崇，必救之。吾以求成焉。」冬，趙穿侵崇。秦弗與成。

晉人伐鄭，以報北林之役。於是晉侯侈，趙宣子爲政，驟諫而不入，故不競於楚。

經（宣公二年）

二年春王二月壬子，宋華元帥師及鄭公子歸生帥師，戰於大棘。宋師敗績，獲宋華元。

秦師伐晉。

夏，晉人、宋人、衛人、陳人侵鄭。

秋九月乙丑，晉趙盾弑其君夷皋。

冬十月乙亥，天王崩。

傳（宣公二年）

二年春，鄭公子歸生命於楚伐宋，宋華元、樂呂御之。二月壬子，戰於大棘。宋師敗績。囚華元，獲樂呂，及甲車四百六十乘，俘二百五十人，馘百。

狂狡輅鄭人，鄭人入於井。倒戟而出之，獲狂狡。君子曰：「失禮違命，宜其爲禽也。戎，昭果毅以聽之之謂禮。殺敵爲果，致果爲毅。易之，戮也。」

將戰，華元殺羊食士，其御羊斟不與。及戰，曰：「疇昔之羊，子爲政；今日之事，我爲政。」與入鄭師，故敗。君子謂羊斟非人也，以其私憾，敗國殄民，於是刑孰大焉？《詩》所謂「人之無良」者，其羊斟之謂乎！殘民以逞。

宋人以兵車百乘、文馬百駟以贖華元於鄭。半入，華元逃歸。立於門外，告而入。見叔牂，曰：「子之馬然也？」對曰：「非馬也，其人也。」既合而來奔。

宋城，華元爲植，巡功。城者謳曰：「睅其目，皤其腹，棄甲而復。於思於思，棄甲復來。」使其驂乘謂之曰：「牛則有皮，犀兕尚多，棄甲則那？」役人曰：「從其有皮，丹漆若何？」華元曰：「去之！夫其口衆我寡。」

秦師伐晉，以報崇也，遂圍焦。夏，晉趙盾救焦，遂自陰地，及諸侯之師侵鄭，以報大棘之役。

楚鬬椒救鄭，曰：「能欲諸侯，而惡其難乎？」遂次於鄭，以待晉師。趙盾曰：「彼

宗競於楚，殆將斃矣。姑益其疾。」乃去之。

晉靈公不君：厚斂以雕牆；從臺上彈人，而觀其辟丸也；宰夫胹熊蹯不熟，殺之，寘諸畚，使婦人載以過朝。趙盾、士季見其手，問其故，而患之。將諫，士季曰：「諫而不入，則莫之繼也。會請先，不入，則子繼之。」三進，及霤，而後視之，曰：「吾知所過矣，將改之。」稽首而對曰：「人誰無過，過而能改，善莫大焉！《詩》曰：『靡不有初，鮮克有終。』夫如是，則能補過者鮮矣。君能有終，則社稷之固也，豈惟羣臣賴之。又曰：『袞職有闕，惟仲山甫補之』，能補過也。君能補過，袞不廢矣。」

猶不改。宣子驟諫，公患之，使鉏麑賊之。晨往，寢門辟矣，盛服將朝。尚早，坐而假寐。麑退，歎而言曰：「不忘恭敬，民之主也。賊民之主，不忠；棄君之命，不信。有一於此，不如死也。」觸槐而死。

秋九月，晉侯飲趙盾酒，伏甲，將攻之。其右提彌明知之，趨登，曰：「臣侍君宴，過三爵，非禮也。」遂扶以下。公嗾夫獒焉，明搏而殺之。盾曰：「棄人用犬，雖猛何爲！」鬬且出。提彌明死之。

初，宣子田於首山，舍於翳桑，見靈輒餓，問其病。曰：「不食三日矣。」食之，舍其半。問之。曰：「宦三年矣，未知母之存否，今近焉，請以遺之。」使盡之，而爲之簞食與肉，寘諸橐以與之。既而與爲公介，倒戟以禦公徒而免之。問何故。對曰：「翳桑之餓人也。」問其名居，不告而退，遂自亡也。

乙丑，趙穿攻靈公於桃園。宣子未出山而復。大史書曰「趙盾弑其君」，以示於朝。宣子曰：「不然。」對曰：「子爲正卿，亡不越竟，反不討賊，非子而誰？」宣子曰：「烏呼！《詩》曰『我之懷矣，自詒伊戚』，其我之謂矣。」孔子曰：「董狐，古之良史也，書法不隱。趙宣子，古之良大夫也，爲法受惡。惜也，越竟乃免。」

宣子使趙穿逆公子黑臀於周而立之。壬申，朝於武宮。

初，麗姬之亂，詛無畜羣公子，自是晉無公族。及成公即位，乃宦卿之適而爲之田，以爲公族。又宦其餘子，亦爲餘子；其庶子爲公行。晉於是有公族、餘子、公行。趙盾請以括爲公族，曰：「君姬氏之愛子也。微君姬氏，則臣狄人也。」公許之。冬，趙盾爲旄車之族，使屏季以其故族爲公族大夫。

經（宣公三年）

三年春王正月，郊牛之口傷，改卜牛。牛死，乃不郊。猶三望。

葬匡王。

楚子伐陸渾之戎。

夏，楚人侵鄭。

秋，赤狄侵齊。

宋師圍曹。

冬十月丙戌，鄭伯蘭卒。

葬鄭穆公。

傳（宣公三年）

三年春，不郊，而望，皆非禮也。望，郊之屬也。不郊，亦無望可也。

晉侯伐鄭，及郔。鄭及晉平，士會入盟。

楚子伐陸渾之戎，遂至於雒，觀兵於周疆。定王使王孫滿勞楚子。楚子問鼎之大小、輕重焉。對曰：「在德不在鼎。昔夏之方有德也，遠方圖物，貢金九牧，鑄鼎象物，百物而爲之備，使民知神、姦。故民入川澤、山林，不逢不若。螭魅罔兩，莫能逢之。用能協於上下，以承天休。桀有昏德，鼎遷於商，載祀六百。商紂暴虐，鼎遷於周。德之休明，雖小，重也。其姦回昏亂，雖大，輕也。天祚明德，有所厎止。成王定鼎於郟鄏，卜世三十，卜年七百，天所命也。周德雖衰，天命未改。鼎之輕重，未可問也。」

夏，楚人侵鄭，鄭即晉故也。

宋文公即位三年，殺母弟須及昭公子，武氏之謀也。使戴、桓之族攻武氏於司馬子伯之館，盡逐武、穆之族。武、穆之族以曹師伐宋。秋，宋師圍曹，報武氏之亂也。

冬，鄭穆公卒。

初，鄭文公有賤妾曰燕姞，夢天使與己蘭，曰：「余爲伯鯈。余，而祖也。以是爲而子。以蘭有國香，人服媚之如是。」既而文公見之，與之蘭而御之。辭曰：「妾不才，幸而有子。將不信，敢徵蘭乎？」公曰：「諾。」生穆公，名之曰蘭。

文公報鄭子之妃曰陳嬀，生子華、子臧。子臧得罪而出。誘子華而殺之南里，使盜殺子臧於陳、宋之間。又娶於江，生公子士。朝於楚，楚人酖之，及葉而死。又娶於蘇，生子瑕、子俞彌。俞彌早卒。洩駕惡瑕，文公亦惡之，故不立也。公逐羣公子，公子蘭奔晉，從晉文公伐鄭。石癸曰：「吾聞姬、姞耦，其子孫必蕃。姞，吉人也，后稷之元妃也。今公子蘭，姞甥也，天或啓之，必將爲君，其後必蕃。先納之，可以亢寵。」與孔將鉏、侯宣多納之，盟於大宮而立之，以與晉平。

穆公有疾，曰：「蘭死，吾其死乎！吾所以生也。」刈蘭而卒。

經（宣公四年）

四年春王正月，公及齊侯平莒及郯。莒人不肯。公伐莒，取向。

秦伯稻卒。

夏六月乙酉，鄭公子歸生弒其君夷。

赤狄侵齊。

秋，公如齊。

公至自齊。

冬，楚子伐鄭。

傳（宣公四年）

四年春，公及齊侯平莒及郯，莒人不肯。公伐莒，取向，非禮也。平國以禮，不以亂。伐而不治，亂也。以亂平亂，何治之有？無治，何以行禮？

楚人獻黿於鄭靈公。公子宋與子家將見。子公之食指動，以示子家，曰：「他日我

如此，必嘗異味。」及入，宰夫將解黿，相視而笑。公問之，子家以告。及食大夫黿，召子公而弗與也。子公怒，染指於鼎，嘗之而出。公怒，欲殺子公。子公與子家謀先。子家曰：「畜老，猶憚殺之，而況君乎？」反譖子家。子家懼而從之。夏，弒靈公。

書曰「鄭公子歸生弒其君夷」，權不足也。君子曰：「仁而不武，無能達也。」凡弒君，稱君，君無道也；稱臣，臣之罪也。」

鄭人立子良。辭曰：「以賢，則去疾不足；以順，則公子堅長。」乃立襄公。襄公將去穆氏，而舍子良。子良不可，曰：「穆氏宜存，則固願也。若將亡之，則亦皆亡，去疾何爲？」乃舍之，皆爲大夫。

初，楚司馬子良生子越椒。子文曰：「必殺之！是子也，熊虎之狀而豺狼之聲；弗殺，必滅若敖氏矣。諺曰：『狼子野心。』是乃狼也，其可畜乎？」子良不可。子文以爲大慼。及將死，聚其族，曰：「椒也知政，乃速行矣，無及於難。」且泣曰：「鬼猶求食，若敖氏之鬼不其餒而！」

及令尹子文卒，鬬般爲令尹，子越爲司馬。蔿賈爲工正，譖子揚而殺之，子越爲令尹，己爲司馬。子越又惡之，乃以若敖氏之族，圄伯嬴於轑陽而殺之，遂處烝野，將攻王。王以三王之子爲質焉，弗受。師於漳澨。秋七月戊戌，楚子與若敖氏戰於皋滸。伯棼射王，汰輈及鼓跗，著於丁寧。又射，汰輈，以貫笠轂。師懼，退。王使巡師曰：「吾先君文王克息，獲三矢焉，伯棼竊其二，盡於是矣。」鼓而進之，遂滅若敖氏。

初，若敖氏娶於䢵，生鬬伯比。若敖卒，從其母畜於䢵，淫於䢵子之女，生子文焉。䢵夫人使棄諸夢中。虎乳之。䢵子田，見之，懼而歸。夫人以告，遂使收之。楚人謂乳穀，謂虎於菟，故命之曰鬬穀於菟。以其女妻伯比。實爲令尹子文。

其孫箴尹克黃使於齊，還及宋，聞亂。其人曰：「不可以入矣。」箴尹曰：「棄君之命，獨誰受之？君，天也，天可逃乎？」遂歸，復命，而自拘於司敗。王思子文之治楚國也，曰：「子文無後，何以勸善？」使復其所，改命曰生。

冬，楚子伐鄭，鄭未服也。

經（宣公五年）

五年春，公如齊。

夏，公至自齊。

秋九月，齊高固來逆叔姬。

叔孫得臣卒。

冬，齊高固及子叔姬來。

楚人伐鄭。

傳（宣公五年）

五年春，公如齊。高固使齊侯止公，請叔姬焉。

夏，公至自齊，書過也。

秋九月，齊高固來逆女，自爲也。故書曰「逆叔姬」，卿自逆也。

冬，來，反馬也。
楚子伐鄭。陳及楚平。晉荀林父救鄭，伐陳。

經（宣公六年）

六年春，晉趙盾、衛孫免侵陳。
夏四月。
秋八月，螽。
冬十月。

傳（宣公六年）

六年春，晉、衛侵陳，陳即楚故也。
夏，定王使子服求后於齊。
秋，赤狄伐晉，圍懷及邢丘。晉侯欲伐之。中行桓子曰：「使疾其民，以盈其貫。將可殪也。《周書》曰：『殪戎殷』，此類之謂也。」
冬，召桓公逆王后於齊。
楚人伐鄭，取成而還。
鄭公子曼滿與王子伯廖語，欲爲卿。伯廖告人曰：「無德而貪，其在《周易》《豐》䷶之《離》䷝，弗過之矣。」間一歲，鄭人殺之。

經（宣公七年）

七年春，衛侯使孫良夫來盟。
夏，公會齊侯伐萊。
秋，公至自伐萊。
大旱。
冬，公會晉侯、宋公、衛侯、鄭伯、曹伯於黑壤。

傳（宣公七年）

七年春，衛孫桓子來盟，始通。且謀會晉也。
夏，公會齊侯伐萊，不與謀也。凡師出，與謀曰「及」，不與謀曰「會」。
赤狄侵晉，取向陰之禾。
鄭及晉平，公子宋之謀也，故相鄭伯以會。冬，盟於黑壤。王叔桓公臨之，以謀不睦。晉侯之立也，公不朝焉，又不使大夫聘，晉人止公於會。盟於黄父，公不與盟。以賂免。故黑壤之盟不書，諱之也。

經（宣公八年）

八年春，公至自會。
夏六月，公子遂如齊，至黄乃復。
辛巳，有事於太廟，仲遂卒於垂。壬午，猶繹。萬入，去籥。

戊子，夫人嬴氏薨。
晉師、白狄伐秦。
楚人滅舒蓼。
秋七月甲子，日有食之，既。
冬十月己丑，葬我小君敬嬴。雨，不克葬。庚寅，日中而克葬。
城平陽。
楚師伐陳。

傳（宣公八年）

八年春，白狄及晉平。夏，會晉伐秦。晉人獲秦諜，殺諸絳市，六日而蘇。
有事於太廟，襄仲卒而繹，非禮也。
楚爲衆舒叛，故伐舒蓼，滅之。楚子疆之。及滑汭，盟吴、越而還。
晉胥克有蠱疾，郤缺爲政。秋，廢胥克，使趙朔佐下軍。
冬，葬敬嬴，旱，無麻，始用葛茀。雨，不克葬，禮也。禮，卜葬，先遠日，避不懷也。
城平陽，書時也。
陳及晉平。楚師伐陳，取成而還。

經（宣公九年）

九年春王正月，公如齊。
公至自齊。
夏，仲孫蔑如京師。
齊侯伐萊。
秋，取根牟。
八月，滕子卒。
九月，晉侯、宋公、衞侯、鄭伯、曹伯會於扈。
晉荀林父帥師伐陳。
辛酉，晉侯黑臀卒於扈。
冬十月癸酉，衞侯鄭卒。
宋人圍滕。
楚子伐鄭。
晉郤缺帥師救鄭。
陳殺其大夫洩冶。

傳（宣公九年）

九年春，王使來徵聘。夏，孟獻子聘於周。王以爲有禮，厚賄之。
秋，取根牟，言易也。

滕昭公卒。

會於扈，討不睦也。陳侯不會。晉荀林父以諸侯之師伐陳。晉侯卒於扈，乃還。

冬，宋人圍滕，因其喪也。

陳靈公與孔寧、儀行父通於夏姬，皆衷其衵服，以戲於朝。洩冶諫曰：「公卿宣淫，民無效焉，且聞不令。君其納之！」公曰：「吾能改矣。」公告二子。二子請殺之，公弗禁，遂殺洩冶。

孔子曰：「《詩》云：『民之多辟，無自立辟。』其洩冶之謂乎！」

楚子爲厲之役故，伐鄭。

晉郤缺救鄭。鄭伯敗楚師於柳棼。國人皆喜，唯子良憂曰：「是國之災也，吾死無日矣。」

經（宣公十年）

十年春，公如齊。

公至自齊。

齊人歸我濟西田。

夏四月丙辰，日有食之。

己巳，齊侯元卒。

齊崔氏出奔衛。

公如齊。

五月，公至自齊。

癸巳，陳夏徵舒弒其君平國。

六月，宋師伐滕。

公孫歸父如齊。葬齊惠公。

晉人、宋人、衛人、曹人伐鄭。

秋，天王使王季子來聘。

公孫歸父帥師伐邾，取繹。

大水。

季孫行父如齊。

冬，公孫歸父如齊。

齊侯使國佐來聘。

饑。

楚子伐鄭。

傳（宣公十年）

十年春，公如齊。齊侯以我服故，歸濟西之田。

夏，齊惠公卒。崔杼有寵於惠公，高、國畏其偪也，公卒而逐之，奔衛。書曰「崔氏」，非其罪也；且告以族，不以名。凡諸侯之大夫違，告於諸侯曰：「某氏之守臣某，

失守宗廟，敢告。」所有玉帛之使者則告；不然，則否。

公如齊奔喪。

陳靈公與孔寧、儀行父飲酒於夏氏。公謂行父曰：「徵舒似女。」對曰：「亦似君。」徵舒病之。公出，自其廄射而殺之。二子奔楚。

滕人恃晉而不事宋，六月，宋師伐滕。

鄭及楚平，諸侯之師伐鄭，取成而還。

秋，劉康公來報聘。

師伐邾，取繹。

季文子初聘於齊。

冬，子家如齊，伐邾故也。

國武子來報聘。

楚子伐鄭。晉士會救鄭，逐楚師於潁北。諸侯之師戍鄭。

鄭子家卒。鄭人討幽公之亂，斲子家之棺，而逐其族。改葬幽公，謚之曰「靈」。

經（宣公十一年）

十有一年春王正月。

夏，楚子、陳侯、鄭伯盟於辰陵。

公孫歸父會齊人伐莒。

秋，晉侯會狄於攢函。

冬十月，楚人殺陳夏徵舒。

丁亥，楚子入陳。

納公孫寧、儀行父於陳。

傳（宣公十一年）

十一年春，楚子伐鄭及櫟。子良曰：「晉、楚不務德而兵爭，與其來者可也。晉、楚無信，我焉得有信？」乃從楚。夏，楚盟於辰陵，陳、鄭服也。

楚左尹子重侵宋，王待諸鄖。

令尹蔿艾獵城沂，使封人慮事，以授司徒。量功命日，分財用，平板榦，稱畚築，程土物，議遠邇，略基趾，具糇糧，度有司。事三旬而成，不愆於素。

晉郤成子求成於衆狄。衆狄疾赤狄之役，遂服於晉。秋，會於攢函，衆狄服也。是行也，諸大夫欲召狄。郤成子曰：「吾聞之：非德，莫如勤，非勤，何以求人？能勤，有繼。其從之也。《詩》曰：『文王既勤止。』文王猶勤，況寡德乎？」

冬，楚子爲陳夏氏亂故，伐陳。謂陳人：「無動！將討於少西氏。」遂入陳，殺夏徵舒，轘諸栗門。因縣陳。陳侯在晉。申叔時使於齊，反，復命而退。王使讓之，曰：「夏徵舒爲不道，弒其君，寡人以諸侯討而戮之，諸侯、縣公皆慶寡人，女獨不慶寡人，何故？」對曰：「猶可辭乎？」王曰：「可哉！」曰：「夏徵舒弒其君，其罪大矣；討而戮之，君之義也。抑人亦有言曰：『牽牛以蹊人之田，而奪之牛。』牽牛以蹊者，信有罪

矣；而奪之牛，罰已重矣。諸侯之從也，曰討有罪也。今縣陳，貪其富也。以討召諸侯，而以貪歸之，無乃不可乎？」王曰：「善哉！吾未之聞也。反之，可乎？」對曰：「吾儕小人所謂『取諸其懷而與之』也。」乃復封陳。鄉取一人焉以歸，謂之夏州。故書曰「楚子入陳。納公孫寧、儀行父於陳」，書有禮也。

厲之役，鄭伯逃歸，自是楚未得志焉。鄭既受盟於辰陵，又徼事於晉。

經（宣公十二年）

十有二年春，葬陳靈公。

楚子圍鄭。

夏六月乙卯，晉荀林父帥師及楚子戰於邲，晉師敗績。

秋七月。

冬十有二月戊寅，楚子滅蕭。

晉人、宋人、衛人、曹人同盟於清丘。

宋師伐陳。衛人救陳。

傳（宣公十二年）

十二年春，楚子圍鄭，旬有七日。鄭人卜行成，不吉；卜臨於大宮，且巷出車，吉。國人大臨，守陴者皆哭。楚子退師。鄭人修城。進復圍之，三月，克之。入自皇門，至於逵路。鄭伯肉袒牽羊以逆，曰：「孤不天，不能事君，使君懷怒以及敝邑，孤之罪也，敢不唯命是聽？其俘諸江南，以實海濱，亦唯命；其翦以賜諸侯，使臣妾之，亦唯命。若惠顧前好，徼福於厲、宣、桓、武，不泯其社稷，使改事君，夷於九縣，君之惠也，孤之願也，非所敢望也。敢布腹心，君實圖之。」左右曰：「不可許也，得國無赦。」王曰：「其君能下人，必能信用其民矣，庸可幾乎？」退三十里而許之平。潘尫入盟，子良出質。

夏六月，晉師救鄭。荀林父將中軍，先縠佐之；士會將上軍，郤克佐之；趙朔將下軍，欒書佐之。趙括、趙嬰齊爲中軍大夫，鞏朔、韓穿爲上軍大夫，荀首、趙同爲下軍大夫。韓厥爲司馬。及河，聞鄭既及楚平，桓子欲還，曰：「無及於鄭而剿民，焉用之？楚歸而動，不後。」隨武子曰：「善。會聞用師，觀釁而動。德刑、政事、典禮，不易，不可敵也，不爲是征。楚君討鄭，怒其貳而哀其卑。叛而伐之，服而舍之，德刑成矣。伐叛，刑也；柔服，德也，二者立矣。昔歲入陳，今茲入鄭，民不罷勞，君無怨讟，政有經矣。荆尸而舉，商農工賈，不敗其業，而卒乘輯睦，事不奸矣。蔿敖爲宰，擇楚國之令典；軍行，右轅，左追蓐，前茅慮無，中權後勁。百官象物而動，軍政不戒而備，能用典矣。

「其君之舉也，內姓選於親，外姓選於舊。舉不失德，賞不失勞。老有加惠，旅有施舍。君子小人，物有服章。貴有常尊，賤有等威，禮不逆矣。德立刑行，政成事時，典從禮順，若之何敵之？見可而進，知難而退，軍之善政也。兼弱攻昧，武之善經也。子姑整軍而經武乎！猶有弱而昧者，何必楚？仲虺有言曰：『取亂侮亡』，兼弱也。《汋》

矣；而奪之牛，罰已重矣。』諸侯之從也，曰討有罪也。今縣陳，貪其富也。以討召諸侯，而以貪歸之，無乃不可乎？」王曰：「善哉！吾未之聞也。反之，可乎？」對曰：「吾儕小人所謂『取諸其懷而與之』也。」乃復封陳。鄉取一人焉以歸，謂之夏州。故書曰「楚子入陳。納公孫寧、儀行父於陳」，書有禮也。

厲之役，鄭伯逃歸，自是楚未得志焉。鄭既受盟於辰陵，又徼事於晉。

經（宣公十二年）

十有二年春，葬陳靈公。

楚子圍鄭。

夏六月乙卯，晉荀林父帥師及楚子戰於邲，晉師敗績。

秋七月。

冬十有二月戊寅，楚子滅蕭。

晉人、宋人、衛人、曹人同盟於清丘。

宋師伐陳。衛人救陳。

傳（宣公十二年）

十二年春，楚子圍鄭，旬有七日。鄭人卜行成，不吉；卜臨於大宮，且巷出車，吉。國人大臨，守陴者皆哭。楚子退師。鄭人修城。進復圍之，三月，克之。入自皇門，至於逵路。鄭伯肉袒牽羊以逆，曰：「孤不天，不能事君，使君懷怒以及敝邑，孤之罪也，敢不唯命是聽？其俘諸江南，以實海濱，亦唯命；其翦以賜諸侯，使臣妾之，亦唯命。若惠顧前好，徼福於厲、宣、桓、武，不泯其社稷，使改事君，夷於九縣，君之惠也，孤之願也，非所敢望也。敢布腹心，君實圖之。」左右曰：「不可許也，得國無赦。」王曰：「其君能下人，必能信用其民矣，庸可幾乎？」退三十里而許之平。潘尫入盟，子良出質。

夏六月，晉師救鄭。荀林父將中軍，先縠佐之；士會將上軍，郤克佐之；趙朔將下軍，欒書佐之。趙括、趙嬰齊為中軍大夫，鞏朔、韓穿為上軍大夫，荀首、趙同為下軍大夫。韓厥為司馬。及河，聞鄭既及楚平，桓子欲還，曰：「無及於鄭而勦民，焉用之？楚歸而動，不後。」隨武子曰：「善。會聞用師，觀釁而動。德、刑、政、事、典、禮不易，不可敵也，不為是征。楚君討鄭，怒其貳而哀其卑，叛而伐之，服而舍之，德、刑成矣。伐叛，刑也；柔服，德也，二者立矣。昔歲入陳，今茲入鄭，民不罷勞，君無怨讟，政有經矣。荊尸而舉，商農工賈，不敗其業，而卒乘輯睦，事不奸矣。蔿敖為宰，擇楚國之令典：軍行，右轅，左追蓐，前茅慮無，中權，後勁。百官象物而動，軍政不戒而備，能用典矣。

「其君之舉也，內姓選於親，外姓選於舊。舉不失德，賞不失勞。老有加惠，旅有施舍。君子小人，物有服章。貴有常尊，賤有等威。禮不逆矣。德立，刑行，政成，事時，典從，禮順，若之何敵之？見可而進，知難而退，軍之善政也。兼弱攻昧，武之善經也。子姑整軍而經武乎！猶有弱而昧者，何必楚？仲虺有言曰：『取亂侮亡』，兼弱也。《汋》

曰：『於鑠王師！遵養時晦』，耆昧也。《武》曰：『無競惟烈。』撫弱耆昧，以務烈所，可也。」彘子曰：「不可。晉所以霸，師武、臣力也。今失諸侯，不可謂力；有敵而不從，不可謂武。由我失霸，不如死。且成師以出，聞敵彊而退，非夫也。命爲軍帥，而卒以非夫，唯羣子能，我弗爲也。」以中軍佐濟。

知莊子曰：「此師殆哉！《周易》有之：在《師》䷆之《臨》䷒，曰：『師出以律，否臧，凶。』執事順成爲臧，逆爲否。衆散爲弱，川壅爲澤。有律以如己也，故曰律。否臧，且律竭也。盈而以竭，夭且不整，所以凶也。不行謂之《臨》，有帥而不從，臨孰甚焉？此之謂矣。果遇，必敗，彘子尸之，雖免而歸，必有大咎。」韓獻子謂桓子曰：「彘子以偏師陷，子罪大矣。子爲元帥，師不用命，誰之罪也？失屬亡師，爲罪已重，不如進也。事之不捷，惡有所分。與其專罪，六人同之，不猶愈乎？」師遂濟。

楚子北師次於郔。沈尹將中軍，子重將左，子反將右，將飲馬於河而歸。聞晉師既濟，王欲還，嬖人伍參欲戰。令尹孫叔敖弗欲，曰：「昔歲入陳，今茲入鄭，不無事矣。戰而不捷，參之肉其足食乎？」參曰：「若事之捷，孫叔爲無謀矣。不捷，參之肉將在晉軍，可得食乎？」令尹南轅、反旆，伍參言於王曰：「晉之從政者新，未能行令。其佐先縠剛愎不仁，未肯用命。其三帥者，專行不獲。聽而無上，衆誰適從？此行也，晉師必敗。且君而逃臣，若社稷何？」王病之，告令尹改乘轅而北之，次於管以待之。

晉師在敖、鄗之間。鄭皇戌使如晉師，曰：「鄭之從楚，社稷之故也，未有貳心。楚師驟勝而驕，其師老矣，而不設備。子擊之，鄭師爲承，楚師必敗。」彘子曰：「敗楚服鄭，於此在矣。必許之！」欒武子曰：「楚自克庸以來，其君無日不討國人而訓之於民生之不易、禍至之無日、戒懼之不可以怠；在軍，無日不討軍實而申儆之於勝之不可保、紂之百克而卒無後，訓之以若敖、蚡冒篳路藍縷以啓山林。箴之曰：『民生在勤，勤則不匱。』不可謂驕。先大夫子犯有言曰：『師直爲壯，曲爲老。』我則不德，而徼怨於楚。我曲楚直，不可謂老。其君之戎分爲二廣，廣有一卒，卒偏之兩。右廣初駕，數及日中，左則受之，以至於昏。內官序當其夜，以待不虞。不可謂無備。子良，鄭之良也；師叔，楚之崇也。師叔入盟，子良在楚，楚、鄭親矣。來勸我戰，我克則來，不克遂往，以我卜也！鄭不可從。」趙括、趙同曰：「率師以來，唯敵是求。克敵、得屬，又何俟？必從彘子！」知季曰：「原、屏，咎之徒也。」趙莊子曰：「欒伯善哉！實其言，必長晉國。」

楚少宰如晉師，曰：「寡君少遭閔凶，不能文。聞二先君之出入此行也，將鄭是訓定，豈敢求罪於晉？二三子無淹久！」隨季對曰：「昔平王命我先君文侯曰：『與鄭夾輔周室，毋廢王命！』今鄭不率，寡君使羣臣問諸鄭，豈敢辱候人？敢拜君命之辱。」彘子以爲諂，使趙括從而更之曰：「行人失辭。寡君使羣臣遷大國之迹於鄭，曰：『無辟敵！』羣臣無所逃命。」

楚子又使求成於晉，晉人許之，盟有日矣。楚許伯御樂伯，攝叔爲右，以致晉師。許伯曰：「吾聞致師者，御靡旌摩壘而還。」樂伯曰：「吾聞致師者，左射以菆，代御執轡，御下，兩馬、掉鞅而還。」攝叔曰：「吾聞致師者，右入壘，折馘、執俘而還。」

皆行其所聞而復。晉人逐之，左右角之。樂伯左射馬，而右射人，角不能進。矢一而已。麇興於前，射麇麗龜。晉鮑癸當其後，使攝叔奉麇獻焉，曰：「以歲之非時，獻禽之未至，敢膳諸從者。」鮑癸止之，曰：「其左善射，其右有辭，君子也。」既免。

晉魏錡求公族未得，而怒，欲敗晉師。請致師，弗許。請使，許之。遂往，請戰而還。楚潘黨逐之，及熒澤，見六麋，射一麋以顧獻，曰：「子有軍事，獸人無乃不給於鮮？敢獻於從者。」叔黨命去之。趙旃求卿未得，且怒於失楚之致師者，請挑戰，弗許。請召盟，許之，與魏錡皆命而往。郤獻子曰：「二憾往矣，弗備，必敗。」彘子曰：「鄭人勸戰，弗敢從也；楚人求成，弗能好也。師無成命，多備何爲？」士季曰：「備之善。若二子怒楚，楚人乘我，喪師無日矣，不如備之。楚之無惡，除備而盟，何損於好？若以惡來，有備不敗。且雖諸侯相見，軍衛不徹，警也。」彘子不可。士季使鞏朔、韓穿帥七覆於敖前，故上軍不敗。趙嬰齊使其徒先具舟於河，故敗而先濟。

潘黨既逐魏錡，趙旃夜至於楚軍，席於軍門之外，使其徒入之。楚子爲乘廣三十乘，分爲左右。右廣雞鳴而駕，日中而說；左則受之，日入而說。許偃御右廣，養由基爲右；彭名御左廣，屈蕩爲右。乙卯，王乘左廣以逐趙旃。趙旃棄車而走林，屈蕩搏之，得其甲裳。晉人懼二子之怒楚師也，使軘車逆之。潘黨望其塵，使騁而告曰：「晉師至矣！」楚人亦懼王之入晉軍也，遂出陳。孫叔曰：「進之！寧我薄人，無人薄我。《詩》云：『元戎十乘，以先啓行』，先人也。《軍志》曰：『先人有奪人之心』，薄之也。」遂疾進師，車馳、卒奔，乘晉軍。桓子不知所爲，鼓於軍中曰：「先濟者有賞！」中軍、下軍爭舟，舟中之指可掬也。

晉師右移，上軍未動。工尹齊將右拒卒以逐下軍。楚子使唐狡與蔡鳩居告唐惠侯曰：「不穀不德而貪，以遇大敵，不穀之罪也。然楚不克，君之羞也。敢藉君靈，以濟楚師。」使潘黨率游闕四十乘，從唐侯以爲左拒，以從上軍。駒伯曰：「待諸乎？」隨季曰：「楚師方壯，若萃於我，吾師必盡，不如收而去之。分謗、生民，不亦可乎？」殿其卒而退，不敗。

王見右廣，將從之乘。屈蕩户之，曰：「君以此始，亦必以終。」自是楚之乘廣先左。

晉人或以廣隊不能進，楚人惎之脱扃。少進，馬還，又惎之拔旆投衡，乃出。顧曰：「吾不如大國之數奔也。」

趙旃以其良馬二濟其兄與叔父，以他馬反。遇敵不能去，棄車而走林。逢大夫與其二子乘，謂其二子無顧。顧曰：「趙叟在後。」怒之，使下，指木曰：「尸女於是。」授趙旃綏，以免。明日，以表尸之，皆重獲在木下。楚熊負羈囚知罃，知莊子以其族反之，厨武子御，下軍之士多從之。每射，抽矢，菆，納諸厨子之房。厨子怒曰：「非子之求，而蒲之愛，董澤之蒲，可勝既乎？」知季曰：「不以人子，吾子其可得乎？吾不可以苟射故也。」射連尹襄老，獲之，遂載其尸；射公子穀臣，囚之。以二者還。及昏，楚師軍於邲。晉之餘師不能軍，宵濟，亦終夜有聲。丙辰，楚重至於邲，遂次於衡雍。潘黨曰：「君盍築武軍而收晉尸以爲京觀？臣聞

克敵必示子孫，以無忘武功。」楚子曰：「非爾所知也。夫文，止戈爲武。武王克商，作《頌》曰：『載戢干戈，載櫜弓矢。我求懿德，肆於時夏，允王保之。』又作《武》，其卒章曰：『耆定爾功。』其三曰：『鋪時繹思，我徂惟求定。』其六曰：『綏萬邦，屢豐年。』夫武，禁暴、戢兵、保大、定功、安民、和衆、豐財者也，故使子孫無忘其章。今我使二國暴骨，暴矣；觀兵以威諸侯，兵不戢矣；暴而不戢，安能保大？猶有晉在，焉得定功？所違民欲猶多，民何安焉？無德而强争諸侯，何以和衆？利人之幾，而安人之亂，以爲己榮，何以豐財？武有七德，我無一焉，何以示子孫？其爲先君宫，告成事而已，武非吾功也。古者明王伐不敬，取其鯨鯢而封之，以爲大戮，於是乎有京觀以懲淫慝。今罪無所，而民皆盡忠以死君命，又可以爲京觀乎？」祀於河，作先君宫，告成事而還。

是役也，鄭石制實入楚師，將以分鄭，而立公子魚臣。辛未，鄭殺僕叔及子服。君子曰：「史佚所謂『毋怙亂』者，謂是類也。《詩》曰：『亂離瘼矣，爰其適歸』，歸於怙亂者也夫！」

鄭伯、許男如楚。

秋，晉師歸，桓子請死，晉侯欲許之。士貞子諫曰：「不可。城濮之役，晉師三日穀，文公猶有憂色。左右曰：『有喜而憂，如有憂而喜乎？』公曰：『得臣猶在，憂未歇也。困獸猶鬬，况國相乎？』及楚殺子玉，公喜而後可知也。曰：『莫余毒也已。』是晉再克而楚再敗也。楚是以再世不競。今天或者大警晉也，而又殺林父以重楚勝，其無

乃久不競乎？林父之事君也，進思盡忠，退思補過，社稷之衛也，若之何殺之？夫其敗也，如日月之食焉，何損於明？」晉侯使復其位。

冬，楚子伐蕭，宋華椒以蔡人救蕭。蕭人囚熊相宜僚及公子丙。王曰：「勿殺，吾退。」蕭人殺之。王怒，遂圍蕭。蕭潰。

申公巫臣曰：「師人多寒。」王巡三軍，拊而勉之，三軍之士皆如挾纊。遂傅於蕭。還無社與司馬卯言，號申叔展。叔展曰：「有麥曲乎？」曰：「無。」「有山鞠窮乎？」曰：「無。」「河魚腹疾奈何？」曰：「目於眢井而拯之。」「若爲茅絰，哭井則己。」明日，蕭潰。申叔視其井，則茅絰存焉，號而出之。

晉原縠、宋華椒、衛孔達、曹人同盟於清丘，曰：「恤病，討貳。」於是卿不書，不實其言也。

宋爲盟故，伐陳。衛人救之，孔達曰：「先君有約言焉。若大國討，我則死之。」

經（宣公十三年）

十有三年春，齊師伐莒。

夏，楚子伐宋。

秋，螽。

冬，晉殺其大夫先縠。

傳（宣公十三年）

十三年春，齊師伐莒，莒恃晉而不事齊故也。

夏，楚子伐宋，以其救蕭也。君子曰：「清丘之盟，唯宋可以免焉。」

秋，赤狄伐晉，及清，先縠召之也。

冬，晉人討邲之敗與清之師，歸罪於先縠而殺之，盡滅其族。君子曰：「『惡之來也，己則取之』，其先縠之謂乎！」

清丘之盟，晉以衛之救陳也，討焉。使人弗去，曰：「罪無所歸，將加而師。」孔達曰：「苟利社稷，請以我説，罪我之由。我則爲政，而亢大國之討，將以誰任？我則死之。」

經（宣公十四年）

十有四年春，衛殺其大夫孔達。

夏五月壬申，曹伯壽卒。

晉侯伐鄭。

秋九月，楚子圍宋。

葬曹文公。

冬，公孫歸父會齊侯於穀。

傳（宣公十四年）

十四年春，孔達縊而死，衛人以説於晉而免。遂告於諸侯曰：「寡君有不令之臣達，構我敝邑於大國，既伏其罪矣。敢告。」衛人以爲成勞，復室其子，使復其位。

夏，晉侯伐鄭，爲邲故也。告於諸侯，蒐焉而還。中行桓子之謀也，曰：「示之以整，使謀而來。」鄭人懼，使子張代子良於楚。鄭伯如楚，謀晉故也。鄭以子良爲有禮，故召之。

楚子使申舟聘於齊，曰：「無假道於宋。」亦使公子馮聘於晉，不假道於鄭。申舟以孟諸之役惡宋，曰：「鄭昭、宋聾，晉使不害，我則必死。」王曰：「殺女，我伐之。」見犀而行。及宋，宋人止之。華元曰：「過我而不假道，鄙我也。鄙我，亡也。殺其使者，必伐我。伐我，亦亡也。亡一也。」乃殺之。楚子聞之，投袂而起。屨及於窒皇，劍及於寢門之外，車及於蒲胥之市。秋九月，楚子圍宋。

冬，公孫歸父會齊侯於穀，見晏桓子，與之言魯，樂。桓子告高宣子曰：「子家其亡乎！懷於魯矣。懷必貪，貪必謀人。謀人，人亦謀己。一國謀之，何以不亡？」

孟獻子言於公曰：「臣聞小國之免於大國也，聘而獻物，於是有庭實旅百；朝而獻功，於是有容貌采章，嘉淑而有加貨，謀其不免也。誅而薦賄，則無及也。今楚在宋，君其圖之！」公説。

經（宣公十五年）

十有五年春，公孫歸父會楚子於宋。

夏五月，宋人及楚人平。

六月癸卯，晉師滅赤狄潞氏，以潞子嬰兒歸。

秦人伐晉。

王札子殺召伯、毛伯。

秋，螽。

仲孫蔑會齊高固於無婁。

初稅畝。

冬，蝝生。

饑。

傳（宣公十五年）

十五年春，公孫歸父會楚子於宋。

宋人使樂嬰齊告急於晉，晉侯欲救之。伯宗曰：「不可。古人有言曰：『雖鞭之長，不及馬腹。』天方授楚，未可與爭。雖晉之彊，能違天乎？諺曰：『高下在心。』川澤納汚，山藪藏疾，瑾瑜匿瑕，國君含垢，天之道也。君其待之！」乃止。

使解揚如宋，使無降楚，曰：「晉師悉起，將至矣。」鄭人囚而獻諸楚。楚子厚賂之，使反其言。不許。三而許之。登諸樓車，使呼宋而告之。遂致其君命。楚子將殺之，使與之言曰：「爾既許不穀而反之，何故？非我無信，女則棄之。速即爾刑！」對曰：「臣聞之：君能制命爲義，臣能承命爲信，信載義而行之爲利。謀不失利，以衛社稷，民之主也。義無二信，信無二命。君之賂臣，不知命也。受命以出，有死無隕，又可賂乎？臣之許君，以成命也。死而成命，臣之祿也。寡君有信臣，下臣獲考，死又何求？」楚子舍之以歸。

夏五月，楚師將去宋，申犀稽首於王之馬前曰：「毋畏知死而不敢廢王命，王棄言焉。」王不能答。申叔時僕，曰：「築室，反耕者，宋必聽命。」從之。宋人懼，使華元夜入楚師，登子反之牀，起之曰：「寡君使元以病告，曰：『敝邑易子而食，析骸以爨。雖然，城下之盟，有以國斃，不能從也。去我三十里，唯命是聽。』」子反懼，與之盟，而告王。退三十里，宋及楚平。華元爲質。盟曰：「我無爾詐，爾無我虞。」

潞子嬰兒之夫人，晉景公之姊也。酆舒爲政而殺之，又傷潞子之目。晉侯將伐之。諸大夫皆曰：「不可。酆舒有三儁才，不如待後之人。」伯宗曰：「必伐之。狄有五罪，儁才雖多，何補焉？不祀，一也。耆酒，二也。棄仲章而奪黎氏地，三也。虐我伯姬，四也。傷其君目，五也。怙其儁才而不以茂德，茲益罪也。後之人或者將敬奉德義以事神人，而申固其命，若之何待之？不討有罪，曰『將待後，後有辭而討焉』，毋乃不可乎？夫恃才與衆，亡之道也。商紂由之，故滅。天反時爲災，地反物爲妖，民反德爲亂，亂則妖災生。故文，反正爲乏。盡在狄矣。」晉侯從之。六月癸卯，晉荀林父敗赤狄於曲梁，辛亥，滅潞。酆舒奔衛，衛人歸諸晉，晉人殺之。

王孫蘇與召氏、毛氏爭政，使王子捷殺召戴公及毛伯衞，卒立召襄。

秋七月，秦桓公伐晉，次於輔氏。壬午，晉侯治兵於稷，以略狄土，立黎侯而還。及雒，魏顆敗秦師於輔氏，獲杜回，秦之力人也。初，魏武子有嬖妾，無子。武子疾，命顆曰：「必嫁是。」疾病，則曰：「必以爲殉！」及卒，顆嫁之，曰：「疾病則亂，吾從其治也。」及輔氏之役，顆見老人結草以亢杜回。杜回躓而顛，故獲之。夜夢之曰：「余，而所嫁婦人之父也。爾用先人之治命，余是以報。」

晉侯賞桓子狄臣千室，亦賞士伯以瓜衍之縣，曰：「吾獲狄土，子之功也。微子，吾喪伯氏矣。」羊舌職説是賞也，曰：「《周書》所謂『庸庸祗祗』者，謂此物也夫。士伯庸中行伯，君信之，亦庸士伯，此之謂明德矣。文王所以造周，不是過也。故《詩》曰：『陳錫哉周』，能施也。率是道也，其何不濟？」

晉侯使趙同獻狄俘於周，不敬。劉康公曰：「不及十年，原叔必有大咎。天奪之魄矣。」

初稅畝，非禮也。穀出不過藉，以豐財也。

冬，蝝生，饑。幸之也。

經（宣公十六年）

十有六年春王正月，晉人滅赤狄甲氏及留吁。

夏，成周宣榭火。

秋，郯伯姬來歸。

冬，大有年。

傳（宣公十六年）

十六年春，晉士會帥師滅赤狄甲氏及留吁、鐸辰。三月，獻狄俘。晉侯請於王，戊申，以黻冕命士會將中軍，且爲大傅。於是晉國之盜逃奔於秦。羊舌職曰：「吾聞之，『禹稱善人，不善人遠』，此之謂也夫。《詩》曰：『戰戰兢兢，如臨深淵，如履薄冰』，善人在上也。善人在上，則國無幸民。諺曰：『民之多幸，國之不幸也』，是無善人之謂也。」

夏，成周宣榭火，人火之也。凡火，人火曰火，天火曰災。

秋，郯伯姬來歸，出也。

爲毛、召之難故，王室復亂，王孫蘇奔晉。晉人復之。冬，晉侯使士會平王室，定王享之。原襄公相禮。殽烝。武季私問其故。王聞之，召武子曰：「季氏！而弗聞乎？王享有體薦，宴有折俎。公當享，卿當宴。王室之禮也。」武子歸而講求典禮，以修晉國之法。

經（宣公十七年）

十有七年春王正月庚子，許男錫我卒。

丁未，蔡侯申卒。

夏，葬許昭公。

葬蔡文公。

六月癸卯，日有食之。

己未，公會晉侯、衛侯、曹伯、邾子同盟於斷道。

秋，公至自會。

冬十有一月壬午，公弟叔肸卒。

傳（宣公十七年）

十七年春，晉侯使郤克徵會於齊。齊頃公帷婦人使觀之。郤子登，婦人笑於房。獻子怒，出而誓曰：「所不此報，無能涉河！」獻子先歸，使欒京廬待命於齊，曰：「不得齊事，無復命矣。」郤子至，請伐齊。晉侯弗許。請以其私屬，又弗許。

齊侯使高固、晏弱、蔡朝、南郭偃會。及斂盂，高固逃歸。夏，會於斷道，討貳也。盟於卷楚，辭齊人。晉人執晏弱於野王，執蔡朝於原，執南郭偃於溫。苗賁皇使，見晏桓子。歸，言於晉侯曰：「夫晏子何罪？昔者諸侯事吾先君，皆如不逮，舉言羣臣不信，諸侯皆有貳志。齊君恐不得禮，故不出，而使四子來。左右或沮之，曰：『君不出，必執吾使。』故高子及斂盂而逃。夫三子者曰：『若絶君好，寧歸死焉。』爲是犯難而來。吾若善逆彼，以懷來者，吾又執之，以信齊沮，吾不既過矣乎？過而不改，而又久之，以成其悔，何利之有焉？使反者得辭，而害來者，以懼諸侯，將焉用之？」晉人緩之，逸。

秋八月，晉師還。

范武子將老，召文子曰：「燮乎！吾聞之：喜怒以類者鮮，易者實多。《詩》曰：『君子如怒，亂庶遄沮。君子如祉，亂庶遄已。』君子之喜怒，以已亂也。弗已者，必益之。郤子其或者欲已亂於齊乎？不然，余懼其益之也。余將老，使郤子逞其志，庶有豸乎！爾從二三子唯敬。」乃請老。郤獻子爲政。

冬，公弟叔肸卒，公母弟也。凡大子之母弟，公在曰公子，不在曰弟。凡稱弟，皆母弟也。

經（宣公十八年）

十有八年春，晉侯、衛世子臧伐齊。

公伐杞。

夏四月。

秋七月，邾人戕鄫子於鄫。

甲戌，楚子旅卒。

公孫歸父如晉。

冬十月壬戌，公薨於路寢。

歸父還自晉，至笙。遂奔齊。

傳（宣公十八年）

十八年春，晉侯、衛大子臧伐齊，至於陽穀。齊侯會晉侯盟於繒，以公子彊爲質於晉。晉師還。蔡朝、南郭偃逃歸。

夏，公使如楚乞師，欲以伐齊。

秋，邾人戕鄫子於鄫。凡自內虐其君曰弒，自外曰戕。

楚莊王卒，楚師不出。既而用晉師，楚於是乎有蜀之役。

公孫歸父以襄仲之立公也，有寵，欲去三桓，以張公室。與公謀而聘於晉，欲以晉人去之。冬，公薨。季文子言於朝曰：「使我殺適立庶以失大援者，仲也夫！」臧宣叔怒曰：「當其時不能治也，後之人何罪？子欲去之，許請去之。」遂逐東門氏。子家還，及笙，壇帷，復命於介。既復命，袒、括髮，即位哭，三踊而出。遂奔齊。書曰「歸父還自晉」，善之也。

成公

經（成公元年）

元年春王正月，公即位。

二月辛酉，葬我君宣公。

無冰。

三月，作丘甲。

夏，臧孫許及晉侯盟於赤棘。

秋，王師敗績於茅戎。

冬十月。

傳（成公元年）

元年春，晉侯使瑕嘉平戎於王，單襄公如晉拜成。劉康公徼戎，將遂伐之。叔服曰：「背盟而欺大國，此必敗。背盟，不祥；欺大國，不義；神、人弗助，將何以勝？」不聽，遂伐茅戎。三月癸未，敗績於徐吾氏。

爲齊難故，作丘甲。

聞齊將出楚師，夏，盟於赤棘。

秋，王人來告敗。

冬，臧宣叔令修賦、繕完、具守備，曰：「齊、楚結好，我新與晉盟，晉、楚爭盟，

傳（宣公十八年）

十八年春，晉侯、衞大子臧伐齊，至於陽穀。齊侯會晉侯盟於繒，以公子彊爲質於晉。晉師還。蔡朝、南郭偃逃歸。

夏，公使如楚乞師，欲以伐齊。

秋，邾人戕鄫子于鄫。凡自內虐其君曰弑，自外曰戕。

楚莊王卒。楚師不出。既而用晉師，楚於是乎有蜀之役。

公孫歸父以襄仲之立公也，有寵，欲去三桓，以張公室。與公謀而聘於晉，欲以晉人去之。冬，公薨。季文子言於朝曰：「使我殺適立庶以失大援者，仲也夫！」臧宣叔怒曰：「當其時不能治也，後之人何罪？子欲去之，許請去之。」遂逐東門氏。子家還，及笙，壇帷，復命於介。既復命，袒、括髮，即位哭，三踊而出。遂奔齊。書曰「歸父還自晉」，善之也。

成公

經（成公元年）

元年春王正月，公即位。

二月辛酉，葬我君宣公。

無冰。

三月，作丘甲。

夏，臧孫許及晉侯盟于赤棘。

秋，王師敗績于茅戎。

冬十月。

傳（成公元年）

元年春，晉侯使瑕嘉平戎于王，單襄公如晉拜成。劉康公徼戎，將遂伐之。叔服曰：「背盟而欺大國，此必敗。背盟，不祥；欺大國，不義；神、人弗助，將何以勝？」不聽，遂伐茅戎。三月癸未，敗績于徐吾氏。

爲齊難故，作丘甲。

聞齊將出楚師，夏，盟于赤棘。

秋，王人來告敗。

冬，臧宣叔令修賦、繕完、具守備，曰：「齊、楚結好，我新與晉盟，晉、楚爭盟，齊師必至。雖晉人伐齊，楚必救之，是齊、楚同我也。知難而有備，乃可以逞。」

經（成公二年）

二年春，齊侯伐我北鄙。

夏四月丙戌，衛孫良夫帥師及齊師戰於新築，衛師敗績。

六月癸酉，季孫行父、臧孫許、叔孫僑如、公孫嬰齊帥師會晉郤克、衛孫良夫、曹公子首及齊侯戰於鞌，齊師敗績。

秋七月，齊侯使國佐如師。己酉，及國佐盟於袁婁。

八月壬午，宋公鮑卒。

庚寅，衛侯速卒。

取汶陽田。

冬，楚師、鄭師侵衛。

十有一月，公會楚公子嬰齊於蜀。

丙申，公及楚人、秦人、宋人、陳人、衛人、鄭人、齊人、曹人、邾人、薛人、鄫人盟於蜀。

傳（成公二年）

二年春，齊侯伐我北鄙，圍龍。頃公之嬖人盧蒲就魁門焉。龍人囚之。齊侯曰：「勿殺，吾與而盟，無入而封。」弗聽，殺而膊諸城上。齊侯親鼓，士陵城。三日，取龍。遂南侵，及巢丘。

衛侯使孫良夫、石稷、甯相、向禽將侵齊，與齊師遇。石子欲還。孫子曰：「不可。以師伐人，遇其師而還，將謂君何？若知不能，則如無出。今既遇矣，不如戰也。」

夏，有……

石成子曰：「師敗矣，子不少須，衆懼盡。子喪師徒，何以復命？」皆不對。又曰：「子，國卿也。隕子，辱矣。子以衆退，我此乃止。」且告車來甚衆。齊師乃止，次於鞫居。新築人仲叔於奚救孫桓子，桓子是以免。

既，衛人賞之以邑，辭，請曲縣、繁纓以朝。許之。

仲尼聞之曰：「惜也，不如多與之邑。唯器與名，不可以假人，君之所司也。名以出信，信以守器，器以藏禮，禮以行義，義以生利，利以平民，政之大節也。若以假人，與人政也。政亡，則國家從之，弗可止也已。」

孫桓子還於新築，不入，遂如晉乞師。臧宣叔亦如晉乞師。皆主郤獻子。晉侯許之七百乘。郤子曰：「此城濮之賦也。有先君之明與先大夫之肅，故捷。克於先大夫，無能爲役，請八百乘。」許之。郤克將中軍，士燮佐上軍，欒書將下軍，韓厥爲司馬，以救魯、衛。臧宣叔逆晉師，且道之。季文子帥師會之。及衛地，韓獻子將斬人，郤獻子馳，將救之。至，則既斬之矣。郤子使速以徇，告其僕曰：「吾以分謗也。」

師從齊師於莘。六月壬申，師至於靡笄之下。齊侯使請戰，曰：「子以君師辱於敝邑，不腆敝賦，詰朝請見。」對曰：「晉與魯、衛，兄弟也，來告曰：『大國朝夕釋憾於

敝邑之地。』寡君不忍，使羣臣請於大國，無令輿師淹於君地。能進不能退，君無所辱命。」齊侯曰：「大夫之許，寡人之願也；若其不許，亦將見也。」齊高固入晉師，桀石以投人，禽之而乘其車，繫桑本焉，以徇齊壘，曰：「欲勇者賈余餘勇！」

癸酉，師陳於鞌。邴夏御齊侯，逢丑父爲右。晉解張御郤克，鄭丘緩爲右。齊侯曰：「余姑翦滅此而朝食。」不介馬而馳之。郤克傷於矢，流血及屨，未絶鼓音，曰：「余病矣！」張侯曰：「自始合，而矢貫余手及肘，余折以御。左輪朱殷，豈敢言病？吾子忍之！」緩曰：「自始合，苟有險，余必下推車，子豈識之？然子病矣！」張侯曰：「師之耳目，在吾旗鼓，進退從之。此車一人殿之，可以集事。若之何其以病敗君之大事也？擐甲執兵，固即死也，病未及死，吾子勉之！」左並轡，右援枹而鼓。馬逸不能止，師從之。齊師敗績。逐之，三周華不注。

韓厥夢子輿謂己曰：「且辟左右！」故中御而從齊侯。邴夏曰：「射其御者，君子也。」公曰：「謂之君子而射之，非禮也。」射其左，越於車下。射其右，斃於車中。綦毋張喪車，從韓厥曰：「請寓乘！」從左右，皆肘之，使立於後。韓厥俛，定其右。逢丑父與公易位。將及華泉，驂絓於木而止。丑父寢於轏中，蛇出於其下，以肱擊之，傷而匿之，故不能推車而及。韓厥執縶馬前，再拜稽首，奉觴加璧以進，曰：「寡君使羣臣爲魯、衛請，曰：『無令輿師陷入君地。』下臣不幸，屬當戎行，無所逃隱。且懼奔辟，而忝兩君。臣辱戎士，敢告不敏，攝官承乏。」丑父使公下，如華泉取飲。鄭周父御佐車，宛茷爲右，載齊侯以免。韓厥獻丑父，郤獻子將戮之，呼曰：「自今無有代其君任患者，有一於此，將爲戮乎？」郤子曰：「人不難以死免其君，我戮之，不祥，赦之，以勸事君者。」乃免之。

齊侯免，求丑父，三入三出。每出，齊師以帥退。入於狄卒，狄卒皆抽戈楯冒之。以入於衛師，衛師免之。遂自徐關入。齊侯見保者，曰：「勉之！齊師敗矣！」辟女子。女子曰：「君免乎？」曰：「免矣。」曰：「鋭司徒免乎？」曰：「免矣。」曰：「苟君與吾父免矣，可若何？」乃奔。齊侯以爲有禮。既而問之，辟司徒之妻也。予之石窌。

晉師從齊師，入自丘輿。擊馬陘。

齊侯使賓媚人賂以紀甗、玉磬與地。不可，則聽客之所爲。賓媚人致賂。晉人不可，曰：「必以蕭同叔子爲質，而使齊之封内盡東其畝。」對曰：「蕭同叔子非他，寡君之母也。若以匹敵，則亦晉君之母也。吾子布大命於諸侯，而曰必質其母以爲信，其若王命何？且是以不孝令也。《詩》曰：『孝子不匱，永錫爾類。』若以不孝令於諸侯，其無乃非德類也乎？先王疆理天下，物土之宜，而布其利。故《詩》曰：『我疆我理，南東其畝。』今吾子疆理諸侯，而曰『盡東其畝』而已，唯吾子戎車是利，無顧土宜，其無乃非先王之命也乎？反先王則不義，何以爲盟主？其晉實有闕。四王之王也，樹德而濟同欲焉；五伯之霸也，勤而撫之，以役王命。今吾子求合諸侯，以逞無疆之欲，《詩》曰：『布政優優，百禄是遒。』子實不優，而棄百禄，諸侯何害焉？不然，寡君之命使臣，則有辭矣。曰：『子以君師辱於敝邑，不腆敝賦，以犒從者。畏君之震，師徒橈敗。吾子惠徼齊國之福，不泯其社稷，使繼舊好，唯是先君之敝器、土地不敢愛。子又不

許，請收合餘燼，背城藉一。敝邑之幸，亦云從也；況其不幸，敢不唯命是聽？」」魯、衛諫曰：「齊疾我矣。其死亡者，皆親暱也。子若不許，讎我必甚。唯子，則又何求？子得其國寶，我亦得地，而紓於難，其榮多矣。齊、晉亦唯天所授，豈必晉？」晉人許之，對曰：「羣臣帥賦輿，以爲魯、衛請。若苟有以藉口，而復於寡君，君之惠也。敢不唯命是聽？」

禽鄭自師逆公。秋七月，晉師及齊國佐盟於爰婁。使齊人歸我汶陽之田。公會晉師於上鄍。賜三帥先路三命之服。司馬、司空、輿帥、候正、亞旅皆受一命之服。

八月，宋文公卒，始厚葬，用蜃炭，益車馬，始用殉，重器備。椁有四阿，棺有翰、檜。君子謂華元、樂舉於是乎不臣。臣，治煩去惑者也，是以伏死而爭。今二子者，君生則縱其惑，死又益其侈，是棄君於惡也，何臣之爲？

九月，衛穆公卒，晉三子自役弔焉，哭於大門之外。衛人逆之，婦人哭於門內。送亦如之。遂常以葬。

楚之討陳夏氏也，莊王欲納夏姬。申公巫臣曰：「不可。君召諸侯，以討罪也；今納夏姬，貪其色也。貪色爲淫，淫爲大罰。《周書》曰：『明德慎罰』，文王所以造周也。明德，務崇之之謂也；慎罰，務去之之謂也。若興諸侯，以取大罰，非慎之也。君其圖之！」王乃止。子反欲取之，巫臣曰：「是不祥人也。是夭子蠻，殺御叔，弑靈侯，戮夏南，出孔、儀，喪陳國，何不祥如是？人生實難，其有不獲死乎？天下多美婦人，何必是？」子反乃止。王以予連尹襄老。襄老死於邲，不獲其尸。其子黑要烝焉。巫臣使道焉，曰：「歸，吾聘女。」又使自鄭召之曰：「尸可得也，必來逆之。」姬以告王。王問諸屈巫。對曰：「其信。知罃之父，成公之嬖也，而中行伯之季弟也，新佐中軍，而善鄭皇戌，甚愛此子。其必因鄭而歸王子與襄老之尸以求之。鄭人懼於邲之役，而欲求媚於晉，其必許之。」

王遣夏姬歸。將行，謂送者曰：「不得尸，吾不反矣。」巫臣聘諸鄭，鄭伯許之。及共王即位，將爲陽橋之役，使屈巫聘於齊，且告師期。巫臣盡室以行。申叔跪從其父，將適郢，遇之，曰：「異哉！夫子有三軍之懼，而又有桑中之喜，宜將竊妻以逃者也。」及鄭，使介反幣，而以夏姬行。將奔齊。齊師新敗，曰：「吾不處不勝之國。」遂奔晉，而因郤至，以臣於晉。晉人使爲邢大夫。子反請以重幣錮之。王曰：「止！其自爲謀也則過矣，其爲吾先君謀也則忠。忠，社稷之固也，所蓋多矣。且彼若能利國家，雖重幣，晉將可乎？若無益於晉，晉將棄之，何勞錮焉？」

晉師歸，范文子後入。武子曰：「無爲吾望爾也乎？」對曰：「師有功，國人喜以逆之，先入，必屬耳目焉，是代帥受名也，故不敢。」武子曰：「吾知免矣。」

郤伯見，公曰：「子之力也夫！」對曰：「君之訓也，二三子之力也，臣何力之有焉？」范叔見，勞之如郤伯。對曰：「庚所命也，克之制也，燮何力之有焉？」欒伯見，公亦如之。對曰：「燮之詔也，士用命也，書何力之有焉？」

宣公使求好於楚，莊王卒，宣公薨，不克作好。公即位，受盟於晉，會晉伐齊。衛人不行使於楚，而亦受盟於晉，從於伐齊。故楚令尹子重爲陽橋之役以救齊。將起師，

子重曰：「君弱，羣臣不如先大夫，師衆而後可。《詩》曰：『濟濟多士，文王以寧。』夫文王猶用衆，況吾儕乎？且先君莊王屬之曰：『無德以及遠方，莫如惠恤其民，而善用之。』」乃大户，已責，逮鰥，救乏，赦罪。悉師，王卒盡行。彭名御戎，蔡景公爲左，許靈公爲右。二君弱，皆强冠之。

冬，楚師侵衛，遂侵我師於蜀。使臧孫往。辭曰：「楚遠而久，固將退矣。無功而受名，臣不敢。」楚侵及陽橋，孟孫請往賂之以執斲、執鍼、織紝，皆百人，公衡爲質，以請盟。楚人許平。

十一月，公及楚公子嬰齊、蔡侯、許男、秦右大夫説、宋華元、陳公孫寧、衛孫良夫、鄭公子去疾及齊國之大夫盟於蜀。卿不書，匱盟也。於是乎畏晉而竊與楚盟，故曰「匱盟」。蔡侯、許男不書，乘楚車也，謂之失位。君子曰：「位其不可不慎也乎！蔡、許之君，一失其位，不得列於諸侯，況其下乎！《詩》曰：『不解於位，民之攸塈。』其是之謂矣。」

楚師及宋，公衡逃歸。臧宣叔曰：「衡父不忍數年之不宴，以棄魯國，國將若之何？誰居？後之人必有任是夫！國棄矣。」是行也，晉辟楚，畏其衆也。君子曰：「衆之不可以已也。大夫爲政，猶以衆克，況明君而善用其衆乎？《大誓》所謂商兆民離，周十人同者，衆也。」

晉侯使鞏朔獻齊捷於周。王弗見，使單襄公辭焉，曰：「蠻夷戎狄，不式王命，淫湎毁常，王命伐之，則有獻捷。王親受而勞之，所以懲不敬、勸有功也。兄弟甥舅，侵敗王略，王命伐之，告事而已，不獻其功，所以敬親暱、禁淫慝也。今叔父克遂，有功於齊，而不使命卿鎮撫王室，所使來撫余一人，而鞏伯實來，未有職司於王室，又奸先王之禮。余雖欲於鞏伯，其敢廢舊典以忝叔父？夫齊，甥舅之國也，而大師之後也，寧不亦淫從其欲以怒叔父，抑豈不可諫誨？」士莊伯不能對。王使委於三吏，禮之如侯伯克敵使大夫告慶之禮，降於卿禮一等。王以鞏伯宴，而私賄之。使相告之曰：「非禮也，勿籍！」

經（成公三年）

三年春王正月，公會晉侯、宋公、衛侯、曹伯伐鄭。

辛亥，葬衛穆公。

二月，公至自伐鄭。

甲子，新宮災。三日哭。

乙亥，葬宋文公。

夏，公如晉。

鄭公子去疾帥師伐許。

公至自晉。

秋，叔孫僑如帥師圍棘。

大雩。

晉郤克、衛孫良夫伐廧咎如。

冬十有一月，晉侯使荀庚來聘。

衛侯使孫良夫來聘。

丙午，及荀庚盟。

丁未，及孫良夫盟。

鄭伐許。

傳（成公三年）

三年春，諸侯伐鄭，次於伯牛，討邲之役也，遂東侵鄭。鄭公子偃帥師禦之，使東鄙覆諸鄤，敗諸丘輿。皇戌如楚獻捷。

夏，公如晉，拜汶陽之田。

許恃楚而不事鄭，鄭子良伐許。

晉人歸楚公子穀臣與連尹襄老之尸於楚，以求知罃。於是荀首佐中軍矣，故楚人許之。王送知罃，曰：「子其怨我乎？」對曰：「二國治戎，臣不才，不勝其任，以爲俘馘。執事不以釁鼓，使歸即戮，君之惠也。臣實不才，又誰敢怨？」王曰：「然則德我乎？」對曰：「二國圖其社稷，而求紓其民，各懲其忿，以相宥也。兩釋纍囚，以成其好。二國有好，臣不與及，其誰敢德？」王曰：「子歸，何以報我？」對曰：「臣不任受怨，君亦不任受德，無怨無德，不知所報。」王曰：「雖然，必告不穀。」對曰：「以君之靈，纍臣得歸骨於晉，寡君之以爲戮，死且不朽。若從君之惠而免之，以賜君之外臣首；首

其請於寡君，而以戮於宗，亦死且不朽。若不獲命，而使嗣宗職，次及於事，而帥偏師，以修封疆。雖遇執事，其弗敢違，其竭力致死，無有二心，以盡臣禮，所以報也。」王曰：「晉未可與爭。」重爲之禮而歸之。

秋，叔孫僑如圍棘，取汶陽之田。棘不服，故圍之。

晉郤克、衛孫良夫伐廧咎如，討赤狄之餘焉。廧咎如潰，上失民也。

冬十一月，晉侯使荀庚來聘，且尋盟。衛侯使孫良夫來聘，且尋盟。公問諸臧宣叔曰：「中行伯之於晉也，其位在三；孫子之於衛也，位爲上卿，將誰先？」對曰：「次國之上卿，當大國之中，中當其下，下當其上大夫。小國之上卿，當大國之下卿，中當其上大夫，下當其下大夫。上下如是，古之制也。衛在晉，不得爲次國。晉爲盟主，其將先之。」丙午，盟晉；丁未，盟衛，禮也。

十二月甲戌，晉作六軍。韓厥、趙括、鞏朔、韓穿、荀騅、趙旃皆爲卿，賞鞌之功也。

齊侯朝於晉，將授玉。郤克趨進曰：「此行也，君爲婦人之笑辱也，寡君未之敢任。」晉侯享齊侯。齊侯視韓厥。韓厥曰：「君知厥也乎？」齊侯曰：「服改矣。」韓厥登，舉爵曰：「臣之不敢愛死，爲兩君之在此堂也。」

荀罃之在楚也，鄭賈人有將寘諸褚中以出。既謀之，未行，而楚人歸之。賈人如晉，荀罃善視之，如實出己。賈人曰：「吾無其功，敢有其實乎？吾小人，不可以厚誣君子。」遂適齊。

晉郤克、衛孫良夫伐廧咎如。

冬十有一月，晉侯使荀庚來聘。

衛侯使孫良夫來聘。

丙午，及荀庚盟。

丁未，及孫良夫盟。

鄭伐許。

傳（成公三年）

三年春，諸侯伐鄭，次于伯牛，討邲之役也，遂東侵鄭。鄭公子偃帥師禦之，使東鄙覆諸鄤，敗諸丘輿。皇戌如楚獻捷。

夏，公如晉，拜汶陽之田。

許恃楚而不事鄭，鄭子良伐許。

晉人歸楚公子穀臣與連尹襄老之尸于楚，以求知罃。於是荀首佐中軍矣，故楚人許之。王送知罃，曰：「子其怨我乎？」對曰：「二國治戎，臣不才，不勝其任，以為俘馘。執事不以釁鼓，使歸即戮，君之惠也。臣實不才，又誰敢怨？」王曰：「然則德我乎？」對曰：「二國圖其社稷，而求紓其民，各懲其忿，以相宥也。兩釋纍囚，以成其好。二國有好，臣不與及，其誰敢德？」王曰：「子歸，何以報我？」對曰：「臣不任受怨，君亦不任受德，無怨無德，不知所報。」王曰：「雖然，必告不穀。」對曰：「以君之靈，纍臣得歸骨於晉，寡君之以為戮，死且不朽。若從君之惠而免之，以賜君之外臣首，首其請於寡君，而以戮於宗，亦死且不朽。若不獲命，而使嗣宗職，次及於事，而帥偏師以脩封疆，雖遇執事，其弗敢違，其竭力致死，無有二心，以盡臣禮，所以報也。」王曰：「晉未可與爭。」重為之禮而歸之。

秋，叔孫僑如圍棘，取汶陽之田。棘不服，故圍之。

晉郤克、衛孫良夫伐廧咎如，討赤狄之餘焉。廧咎如潰，上失民也。

冬十一月，晉侯使荀庚來聘，且尋盟。衛侯使孫良夫來聘，且尋盟。公問諸臧宣叔曰：「中行伯之於晉也，其位在三；孫子之於衛也，位為上卿，將誰先？」對曰：「次國之上卿，當大國之中，中當其下，下當其上大夫。小國之上卿，當大國之下卿，中當其上大夫，下當其下大夫。上下如是，古之制也。衛在晉，不得為次國。晉為盟主，其將先之。」丙午，盟晉，丁未，盟衛，禮也。

十二月甲戌，晉作六軍。韓厥、趙括、鞏朔、韓穿、荀騅、趙旃皆為卿，賞鞍之功也。

齊侯朝于晉，將授玉。郤克趨進曰：「此行也，君為婦人之笑辱也，寡君未之敢任。」晉侯享齊侯。齊侯視韓厥。韓厥曰：「君知厥也乎？」齊侯曰：「服改矣。」韓厥登，舉爵曰：「臣之不敢愛死，為兩君之在此堂也。」

荀罃之在楚也，鄭賈人有將寘諸褚中以出。既謀之，未行，而楚人歸之。賈人如晉，荀罃善視之，如實出己。賈人曰：「吾無其功，敢有其實乎？吾小人，不可以厚誣君子。」遂適齊。

經（成公四年）

四年春，宋公使華元來聘。

三月壬申，鄭伯堅卒。

杞伯來朝。

夏四月甲寅，臧孫許卒。

公如晉。

葬鄭襄公。

秋，公至自晉。

冬，城鄆。

鄭伯伐許。

傳（成公四年）

四年春，宋華元來聘，通嗣君也。

杞伯來朝，歸叔姬故也。

夏，公如晉。晉侯見公，不敬。季文子曰：「晉侯必不免。《詩》曰：『敬之敬之！天惟顯思，命不易哉！』夫晉侯之命在諸侯矣，可不敬乎！」

秋，公至自晉，欲求成於楚而叛晉。季文子曰：「不可。晉雖無道，未可叛也。國大、臣睦，而邇於我，諸侯聽焉，未可以貳。《史佚之志》有之曰：『非我族類，其心必異。』楚雖大，非吾族也，其肯字我乎？」公乃止。

冬十一月，鄭公孫申帥師疆許田。許人敗諸展陂。鄭伯伐許，取鉏任、泠敦之田。

晉欒書將中軍，荀首佐之，士燮佐上軍，以救許伐鄭，取氾、祭。楚子反救鄭，鄭伯與許男訟焉，皇戌攝鄭伯之辭。子反不能決也，曰：「君若辱在寡君，寡君與其二三臣共聽兩君之所欲，成其可知也。不然，側不足以知二國之成。」

晉趙嬰通於趙莊姬。

經（成公五年）

五年春王正月，杞叔姬來歸。

仲孫蔑如宋。

夏，叔孫僑如會晉荀首於穀。

梁山崩。

秋，大水。

冬十有一月己酉，天王崩。

十有二月己丑，公會晉侯、齊侯、宋公、衞侯、鄭伯、曹伯、邾子、杞伯同盟於蟲牢。

傳（成公五年）

五年春，原、屏放諸齊。嬰曰：「我在，故欒氏不作。我亡，吾二昆其憂哉。且人各有能、有不能，舍我，何害？」弗聽。嬰夢天使謂己：「祭余，余福女。」使問諸士貞伯。貞伯曰：「不識也。」既而告其人曰：「神福仁而禍淫。淫而無罰，福也。祭，其

得亡乎？」一祭之，之明日而亡。

孟獻子如宋，報華元也。

夏，晉荀首如齊逆女，故宣伯餫諸穀。

梁山崩，晉侯以傳召伯宗。伯宗辟重，曰：「辟傳！」重人曰：「待我，不如捷之速也。」問其所。曰：「絳人也。」問絳事焉。曰：「梁山崩，將召伯宗謀之。」問將若之何。曰：「山有朽壤而崩，可若何？國主山川，故山崩川竭，君爲之不舉、降服、乘縵、徹樂、出次，祝幣，史辭以禮焉。其如此而已。雖伯宗，若之何？」伯宗請見之。不可。遂以告，而從之。

許靈公愬鄭伯於楚。六月，鄭悼公如楚訟，不勝，楚人執皇戌及子國。故鄭伯歸，使公子偃請成於晉。秋八月，鄭伯及晉趙同盟於垂棘。

宋公子圍龜爲質於楚而歸，華元享之。請鼓譟以出，鼓譟以復入，曰：「習攻華氏。」宋公殺之。

冬，同盟於蟲牢，鄭服也。

諸侯謀復會，宋公使向爲人辭以子靈之難。

十一月己酉，定王崩。

經（成公六年）

六年春王正月，公至自會。

二月辛巳，立武宮。

取鄟。

衛孫良夫帥師侵宋。

夏六月，邾子來朝。

公孫嬰齊如晉。

壬申，鄭伯費卒。

秋，仲孫蔑、叔孫僑如帥師侵宋。

楚公子嬰齊帥師伐鄭。

冬，季孫行父如晉。

晉欒書帥師救鄭。

傳（成公六年）

六年春，鄭伯如晉拜成，子游相，授玉於東楹之東。士貞伯曰：「鄭伯其死乎！自棄也已。視流而行速，不安其位，宜不能久。」

二月，季文子以鞌之功立武宮，非禮也。聽於人以救其難，不可以立武。立武由己，非由人也。

取鄟，言易也。

三月，晉伯宗、夏陽說、衛孫良夫、甯相、鄭人、伊雒之戎、陸渾、蠻氏侵宋，以其辭會也。師於鍼。衛人不保。說欲襲衛，曰：「雖不可入，多俘而歸，有罪不及死。」

伯宗曰：「不可。衛唯信晉，故師在其郊而不設備。若襲之，是棄信也。雖多衛俘，而晉無信，何以求諸侯？」乃止。師還，衛人登陴。

晉人謀去故絳，諸大夫皆曰：「必居郇、瑕氏之地，沃饒而近鹽，國利君樂，不可失也。」韓獻子將新中軍，且爲僕大夫。公揖而入。獻子從。公立於寢庭，謂獻子曰：「何如？」對曰：「不可。郇、瑕氏土薄水淺，其惡易覯。易覯則民愁，民愁則墊隘，於是乎有沈溺重膇之疾。不如新田，土厚水深，居之不疾，有汾、澮以流其惡，且民從教，十世之利也。夫山、澤、林、鹽，國之寶也。國饒，則民驕佚。近寶，公室乃貧。不可謂樂。」公説，從之。夏四月丁丑，晉遷於新田。

六月，鄭悼公卒。

子叔聲伯如晉，命伐宋。

秋，孟獻子、叔孫宣伯侵宋，晉命也。

楚子重伐鄭，鄭從晉故也。

冬，季文子如晉，賀遷也。

晉欒書救鄭，與楚師遇於繞角。楚師還。晉師遂侵蔡。楚公子申、公子成以申、息之師救蔡，禦諸桑隧。趙同、趙括欲戰，請於武子，武子將許之。知莊子、范文子、韓獻子諫曰：「不可。吾來救鄭，楚師去我，吾遂至於此，是遷戮也。戮而不已，又怒楚師，戰必不克。雖克，不令。成師以出，而敗楚之二縣，何榮之有焉？若不能敗，爲辱已甚，不如還也。」乃遂還。

於是軍帥之欲戰者衆。或謂欒武子曰：「聖人與衆同欲，是以濟事，子盍從衆？子爲大政，將酌於民者也。子之佐十一人，其不欲戰者，三人而已。欲戰者可謂衆矣。《商書》曰：『三人占，從二人』，衆故也。」武子曰：「善鈞從衆。夫善，衆之主也。三卿爲主，可謂衆矣。從之，不亦可乎？」

經（成公七年）

七年春王正月，鼷鼠食郊牛角，改卜牛。鼷鼠又食其角，乃免牛。

吴伐郯。

夏五月，曹伯來朝。

不郊，猶三望。

秋，楚公子嬰齊帥師伐鄭。

公會晉侯、齊侯、宋公、衛侯、曹伯、莒子、邾子、杞伯救鄭。八月戊辰，同盟於馬陵。

公至自會。

吴入州來。

冬，大雩。

衛孫林父出奔晉。

傳（成公七年）

七年春，吳伐郯，郯成。

季文子曰：「中國不振旅，蠻夷入伐，而莫之或恤。無弔者也夫！《詩》曰：『不弔昊天，亂靡有定』，其此之謂乎！有上不弔，其誰不受亂？吾亡無日矣。」君子曰：「知懼如是，斯不亡矣。」

鄭子良相成公以如晉，見，且拜師。

夏，曹宣公來朝。

秋，楚子重伐鄭，師於氾。諸侯救鄭。鄭共仲、侯羽軍楚師，囚鄖公鍾儀，獻諸晉。八月，同盟於馬陵，尋蟲牢之盟，且莒服故也。晉人以鍾儀歸，囚諸軍府。

楚圍宋之役，師還，子重請取於申、呂以爲賞田。王許之。申公巫臣曰：「不可。此申、呂所以邑也，是以爲賦，以禦北方。若取之，是無申、呂也，晉、鄭必至於漢。」王乃止。子重是以怨巫臣。子反欲取夏姬，巫臣止之，遂取以行，子反亦怨之。及共王即位，子重、子反殺巫臣之族子閻、子蕩及清尹弗忌及襄老之子黑要，而分其室。子重取子閻之室，使沈尹與王子罷分子蕩之室，子反取黑要與清尹之室。巫臣自晉遺二子書，曰：「爾以讒慝貪婪事君，而多殺不辜，余必使爾罷於奔命以死。」

巫臣請使於吳，晉侯許之。吳子壽夢說之。乃通吳於晉，以兩之一卒適吳，舍偏兩之一焉。與其射御，教吳乘車，教之戰陳，教之叛楚。寘其子狐庸焉，使爲行人於吳。吳始伐楚、伐巢、伐徐，子重奔命。馬陵之會，吳入州來，子重自鄭奔命。子重、子反於是乎一歲七奔命。蠻夷屬於楚者，吳盡取之，是以始大，通吳於上國。

衛定公惡孫林父。冬，孫林父出奔晉。衛侯如晉，晉反戚焉。

經（成公八年）

八年春，晉侯使韓穿來言汶陽之田，歸之於齊。

晉欒書帥師侵蔡。

公孫嬰齊如莒。

宋公使華元來聘。

夏，宋公使公孫壽來納幣。

晉殺其大夫趙同、趙括。

秋七月，天子使召伯來賜公命。

冬十月癸卯，杞叔姬卒。

晉侯使士燮來聘。

叔孫僑如會晉士燮、齊人、邾人伐郯。

衛人來媵。

傳（成公八年）

八年春，晉侯使韓穿來言汶陽之田，歸之於齊。季文子餞之，私焉，曰：「大國制義，以爲盟主，是以諸侯懷德畏討，無有貳心。謂汶陽之田，敝邑之舊也，而用師於

齊，使歸諸敝邑。今有二命，曰『歸諸齊』。信以行義，義以成命，小國所望而懷也。信不可知，義無所立，四方諸侯，其誰不解體？《詩》曰：『女也不爽，士貳其行。士也罔極，二三其德。』七年之中，一與一奪，二三孰甚焉？士之二三，猶喪妃耦，而況霸主？霸主將德是以，而二三之，其何以長有諸侯乎？《詩》曰：『猶之未遠，是用大簡。』行父懼晉之不遠猶而失諸侯也，是以敢私言之。」

晉欒書侵蔡，遂侵楚，獲申驪。楚師之還也，晉侵沈，獲沈子揖初，從知、范、韓也。君子曰：「從善如流，宜哉！《詩》曰：『愷悌君子，遐不作人？』求善也夫！作人，斯有功績矣。」是行也，鄭伯將會晉師，門於許東門，大獲焉。

聲伯如莒，逆也。

宋華元來聘，聘共姬也。

夏，宋公使公孫壽來納幣，禮也。

晉趙莊姬爲趙嬰之亡故，譖之於晉侯，曰：「原、屏將爲亂。」欒、郤爲徵。六月，晉討趙同、趙括。武從姬氏畜於公宮。以其田與祁奚。韓厥言於晉侯曰：「成季之勛，宣孟之忠，而無後，爲善者其懼矣。三代之令王皆數百年保天之禄。夫豈無辟王？賴前哲以免也。《周書》曰：『不敢侮鰥寡』，所以明德也。」乃立武，而反其田焉。

秋，召桓公來賜公命。

晉侯使申公巫臣如吴，假道於莒。與渠丘公立於池上，曰：「城已惡。」莒子曰：「辟陋在夷，其孰以我爲虞？」對曰：「夫狡焉思啓封疆以利社稷者，何國蔑有？唯然，故多大國矣。唯或思或縱也。勇夫重閉，況國乎？」

冬，杞叔姬卒。來歸自杞，故書。

晉士燮來聘，言伐郯也，以其事吴故。公賂之，請緩師。文子不可，曰：「君命無貳，失信不立。禮無加貨，事無二成。君後諸侯，是寡君不得事君也。燮將復之。」季孫懼，使宣伯帥師會伐郯。

衛人來媵共姬，禮也。凡諸侯嫁女，同姓媵之，異姓則否。

經（成公九年）

九年春王正月，杞伯來逆叔姬之喪以歸。

公會晉侯、齊侯、宋公、衛侯、鄭伯、曹伯、莒子、杞伯，同盟於蒲。

公至自會。

二月，伯姬歸於宋。

夏，季孫行父如宋致女。

晉人來媵。

秋七月丙子，齊侯無野卒。

晉人執鄭伯。

晉欒書帥師伐鄭。

冬十有一月，葬齊頃公。

冬十有一月，葬齊桓公。

[illegible]

管人執獲[illegible]。

狄人伐衞。齊侯無理卒。

夏，衞侯行父如宋逆女。

管人來媵。

二月，丙戌，衞侯[illegible]來。

公至自會。

公會管仲、宋公、衞侯、曹伯、莒子、邾子，同盟於幽。

此年春王正月，己丑來獻戎捷之類[illegible]。

楚（如公此年）

衞人來媵其姊，書曰：「媵」，非禮也。諸侯娶女，同姓媵之，異姓則否。[illegible]

[illegible]趙宣子帥師會之伐鄭。

狄人伐衞。[illegible]無道貧，車無武備，昏姻多變故，[illegible]其華吳姑。公親[illegible]，衞數叛，文不已，[illegible]命無[illegible]

父子兄弟相殺。來媵自乃，姑書。

故以大國災。[illegible]大重困，亡國不久？

四書正經

〔三〕

[以下各欄為密行小字，漫漶過甚，多數不可辨識。]

[illegible]親國分東。其處以姊爲寶？一桓曰：一夫交[illegible]思普徒職[illegible]村邑縣者，向國藝貴？[illegible]

管英執申公巫臣田氏吳，興樂田公立於都官。

晉告難[illegible]。

《尚書》曰：「不遑暇襄」，非立民壽也。

[illegible]爲善者其勸矣。三升人今士智襲百千，非天之[illegible]

如故放力畜於公官。及其田與汝溪，[illegible]言於管英田[illegible]

晉諸難輔曠通歟小門戾，[illegible]小惡留病。曰：「恩，[illegible]爲價。」一樂、俗爲潤，六民。

[illegible]

宋公[illegible]爲難愛之行[illegible]，[illegible]之管英。曰：「恩[illegible]。」即其[illegible]也。

宋華元來聘。[illegible]也。

[illegible]

[以下數行為《孟子》《論語》《詩》徵引，字跡漫漶，僅能辨識書名，正文多不可讀。]

[illegible]

《詩》曰：[illegible]

《論語》曰：[illegible]

[illegible]

《詩》曰：[illegible]

[illegible]

楚公子嬰齊帥師伐莒。庚申，莒潰。楚人入鄆。

秦人、白狄伐晉。

鄭人圍許。

城中城。

傳（成公九年）

九年春，杞桓公來逆叔姬之喪，請之也。杞叔姬卒，爲杞故也。逆叔姬，爲我也。

爲歸汶陽之田故，諸侯貳於晉。晉人懼，會於蒲，以尋馬陵之盟。季文子謂范文子曰：「德則不競，尋盟何爲？」范文子曰：「勤以撫之，寬以待之，堅彊以御之，明神以要之，柔服而伐貳，德之次也。」是行也，將始會吴，吴人不至。

二月，伯姬歸於宋。

楚人以重賂求鄭，鄭伯會楚公子成於鄧。

夏，季文子如宋致女，復命，公享之。賦《韓奕》之五章。穆姜出於房，再拜，曰：「大夫勤辱，不忘先君，以及嗣君，施及未亡人，先君猶有望也。敢拜大夫之重勤。」又賦《緑衣》之卒章而入。

晉人來媵，禮也。

秋，鄭伯如晉，晉人討其貳於楚也，執諸銅鞮。

欒書伐鄭，鄭人使伯蠲行成，晉人殺之，非禮也。兵交，使在其間可也。楚子重侵陳以救鄭。

晉侯觀於軍府，見鍾儀。問之曰：「南冠而縶者，誰也？」有司對曰：「鄭人所獻楚囚也。」使税之。召而弔之。再拜稽首。問其族。對曰：「泠人也。」公曰：「能樂乎？」對曰：「先父之職官也，敢有二事？」使與之琴，操南音。公曰：「君王何如？」對曰：「非小人之所得知也。」固問之。對曰：「其爲大子也，師、保奉之，以朝於嬰齊而夕於側也。不知其它。」公語范文子。文子曰：「楚囚，君子也。言稱先職，不背本也；樂操土風，不忘舊也；稱大子，抑無私也；名其二卿，尊君也。不背本，仁也；不忘舊，信也；無私，忠也；尊君，敏也。仁以接事，信以守之，忠以成之，敏以行之。事雖大，必濟。君盍歸之，使合晉、楚之成？」公從之，重爲之禮，使歸求成。

冬，十一月，楚子重自陳伐莒，圍渠丘。渠丘城惡，衆潰，奔莒。戊申，楚入渠丘。莒人囚楚公子平。楚人曰：「勿殺，吾歸而俘。」莒人殺之。楚師圍莒。莒城亦惡，庚申，莒潰。楚遂入鄆，莒無備故也。

君子曰：「恃陋而不備，罪之大者也，備豫不虞，善之大者也。莒恃其陋，而不修城郭，浹辰之間，而楚克其三都，無備也夫！《詩》曰：『雖有絲、麻，無棄菅、蒯；雖有姬、姜，無棄蕉萃；凡百君子，莫不代匱。』言備之不可以已也。」

秦人、白狄伐晉，諸侯貳故也。

鄭人圍許，示晉不急君也。是則公孫申謀之，曰：「我出師以圍許，爲將改立君者，而紓晉使，晉必歸君。」

城中城，書，時也。

十二月，楚子使公子辰如晉，報鍾儀之使，請修好、結成。

經（成公十年）

十年春，衛侯之弟黑背帥師侵鄭。

夏四月，五卜郊，不從，乃不郊。

五月，公會晉侯、齊侯、宋公、衛侯、曹伯，伐鄭。

齊人來媵。

丙午，晉侯獳卒。

秋七月，公如晉。

冬十月。

傳（成公十年）

十年春，晉侯使糴茷如楚，報大宰子商之使也。

衛子叔黑背侵鄭，晉命也。

鄭公子班聞叔申之謀。三月，子如立公子繻。夏四月，鄭人殺繻，立髡頑，子如奔許。欒武子曰：「鄭人立君，我執一人焉，何益？不如伐鄭而歸其君，以求成焉。」晉侯有疾，五月，晉立大子州蒲以爲君，而會諸侯伐鄭。鄭子罕賂以襄鐘，子然盟於修澤，子駟爲質。辛巳，鄭伯歸。

晉侯夢大厲，被髮及地，搏膺而踊，曰：「殺余孫，不義。余得請於帝矣！」壞大門及寢門而入。公懼，入於室。又壞户。公覺，召桑田巫。巫言如夢。公曰：「何如？」曰：「不食新矣。」公疾病，求醫於秦。秦伯使醫緩爲之。未至，公夢疾爲二豎子，曰：「彼，良醫也，懼傷我，焉逃之？」其一曰：「居肓之上、膏之下，若我何？」醫至，曰：「疾不可爲也，在肓之上、膏之下，攻之不可，達之不及，藥不至焉，不可爲也。」公曰：「良醫也。」厚爲之禮而歸之。六月丙午，晉侯欲麥，使甸人獻麥，饋人爲之。召桑田巫，示而殺之。將食，張，如厠，陷而卒。小臣有晨夢負公以登天，及日中，負晉侯出諸厠，遂以爲殉。

鄭伯討立君者，戊申，殺叔申、叔禽。君子曰：「忠爲令德，非其人猶不可，況不令乎？」

秋，公如晉。晉人止公，使送葬。於是糴茷未反。

冬，葬晉景公。公送葬，諸侯莫在。魯人辱之，故不書，諱之也。

經（成公十一年）

十有一年春王三月，公至自晉。

晉侯使郤犫來聘，己丑，及郤犫盟。

夏，季孫行父如晉。

秋，叔孫僑如如齊。

冬十月。

傳（成公十一年）

十一年春王三月，公至自晉。晉人以公爲貳於楚，故止公。公請受盟，而後使歸。

郤犨來聘，且莅盟。

聲伯之母不聘，穆姜曰：「吾不以妾爲姒。」生聲伯而出之，嫁於齊管於奚，生二子而寡，以歸聲伯。聲伯以其外弟爲大夫，而嫁其外妹於施孝叔。郤犨來聘，求婦於聲伯。聲伯奪施氏婦以與之。婦人曰：「鳥獸猶不失儷，子將若何？」曰：「吾不能死亡。」婦人遂行。生二子於郤氏。郤氏亡，晉人歸之施氏。施氏逆諸河，沈其二子。婦人怒曰：「己不能庇其伉儷而亡之，又不能字人之孤而殺之，將何以終？」遂誓施氏。

夏，季文子如晉報聘，且莅盟也。

周公楚惡惠、襄之偪也，且與伯與爭政，不勝，怒而出。及陽樊，王使劉子復之，盟於鄄而入。三日復出，奔晉。

秋，宣伯聘於齊，以修前好。

晉郤至與周爭鄇田，王命劉康公、單襄公訟諸晉。郤至曰：「温，吾故也，故不敢失。」劉子、單子曰：「昔周克商，使諸侯撫封，蘇忿生以温爲司寇，與檀伯達封於河。蘇氏即狄，又不能於狄而奔衛。襄王勞文公而賜之温，狐氏、陽氏先處之，而後及子。若治其故，則王官之邑也，子安得之？」晉侯使郤至勿敢爭。

宋華元善於令尹子重，又善於欒武子，聞楚人既許晉糴茷成，而使歸復命矣。冬，華元如楚，遂如晉，合晉、楚之成。

秦、晉爲成，將會於令狐。晉侯先至焉。秦伯不肯涉河，次於王城，使史顆盟晉侯於河東。晉郤犨盟秦伯於河西。范文子曰：「是盟也何益？齊盟，所以質信也。會所，信之始也。始之不從，其可質乎？」秦伯歸而背晉成。

經（成公十二年）

十有二年春，周公出奔晉。

夏，公會晉侯、衛侯於瑣澤。

秋，晉人敗狄於交剛。

冬十月。

傳（成公十二年）

十二年春，王使以周公之難來告。書曰「周公出奔晉」，凡自周無出，周公自出故也。

宋華元克合晉、楚之成，夏五月，晉士燮會楚公子罷、許偃。癸亥，盟於宋西門之外，曰：「凡晉、楚無相加戎，好惡同之，同恤災危，備救凶患。若有害楚，則晉伐之；在晉，楚亦如之。交贄往來，道路無壅；謀其不協，而討不庭。有渝此盟，明神殛之，俾隊其師，無克胙國。」鄭伯如晉聽成，會於瑣澤，成故也。

狄人間宋之盟以侵晉，而不設備。秋，晉人敗狄於交剛。

晉郤至如楚聘，且莅盟。楚子享之，子反相，爲地室而縣焉。郤至將登，金奏作於下，驚而走出。子反曰：「日云莫矣，寡君須矣，吾子其入也！」賓曰：「君不忘先君

之好，施及下臣，既之以大禮，重之以備樂。如天之福，兩君相見，何以代此？下臣不敢。」子反曰：「如天之福，兩君相見，無亦唯是一矢以相加遺，焉用樂？寡君須矣，吾子其入也！」賓曰：「若讓之以一矢，禍之大者，其何福之爲？世之治也，諸侯間於天子之事，則相朝也，於是乎有享宴之禮。享以訓共儉，宴以示慈惠。共儉以行禮，而慈惠以布政。政以禮成，民是以息。百官承事，朝而不夕，此公侯之所以捍城其民也。故《詩》曰：『赳赳武夫，公侯干城。』及其亂也，諸侯貪冒，侵欲不忌，爭尋常以盡其民，略其武夫以爲己腹心、股肱、爪牙。故《詩》曰：『赳赳武夫，公侯腹心。』天下有道，則公侯能爲民干城，而制其腹心。亂則反之。今吾子之言，亂之道也，不可以爲法。然吾子，主也，至敢不從？」遂入，卒事。歸以語范文子。文子曰：「無禮，必食言，吾死無日矣夫！」

冬，楚公子罷如晉聘，且莅盟。十二月，晉侯及楚公子罷盟於赤棘。

經（成公十三年）

十有三年春，晉侯使郤錡來乞師。

三月，公如京師。

夏五月，公自京師，遂會晉侯、齊侯、宋公、衞侯、鄭伯、曹伯、邾人、滕人伐秦。

曹伯盧卒於師。

秋七月，公至自伐秦。

冬，葬曹宣公。

傳（成公十三年）

十三年春，晉侯使郤錡來乞師，將事不敬。孟獻子曰：「郤氏其亡乎！禮，身之幹也；敬，身之基也。郤子無基。且先君之嗣卿也，受命以求師，將社稷是衞，而惰，棄君命也，不亡何爲？」

三月，公如京師。宣伯欲賜，請先使。王以行人之禮禮焉。孟獻子從。王以爲介而重賄之。

公及諸侯朝王，遂從劉康公、成肅公會晉侯伐秦。成子受脤於社，不敬。劉子曰：「吾聞之：民受天地之中以生，所謂命也。是以有動作禮義威儀之則，以定命也。能者養以之福，不能者敗以取禍。是故君子勤禮，小人盡力。勤禮莫如致敬，盡力莫如敦篤。敬在養神，篤在守業。國之大事，在祀與戎。祀有執膰，戎有受脤，神之大節也。今成子惰，棄其命矣，其不反乎！」

夏四月戊午，晉侯使吕相絶秦，曰：

昔逮我獻公及穆公相好，戮力同心，申之以盟誓，重之以婚姻。天禍晉國，文公如齊，惠公如秦。無禄，獻公即世。穆公不忘舊德，俾我惠公用能奉祀於晉。又不能成大勳，而爲韓之師。亦悔於厥心，用集我文公，是穆之成也。文公躬擐甲冑，跋履山川，踰越險阻，征東之諸侯，虞、夏、商、周之胤而朝諸秦，則亦既報舊德矣。鄭人怒君之疆埸，我文公帥諸侯及秦圍鄭。秦大夫不詢於我寡君，擅及鄭

盟。諸侯疾之，將致命於秦。文公恐懼，綏靜諸侯，秦師克還無害，則是我有大造於西也。無祿，文公即世，穆爲不弔，蔑死我君，寡我襄公，迭我殽地，奸絕我好，伐我保城，殄滅我費滑，散離我兄弟，撓亂我同盟，傾覆我國家。我襄公未忘君之舊勛，而懼社稷之隕，是以有殽之師。猶願赦罪於穆公。穆公弗聽，而即楚謀我。天誘其衷，成王隕命，穆公是以不克逞志於我。穆、襄即世，康、靈即位。康公，我之自出，又欲闕翦我公室，傾覆我社稷，帥我蝥賊，以來蕩摇我邊疆，我是以有令狐之役。康猶不悛，入我河曲，伐我涑川，俘我王官，翦我羈馬，我是以有河曲之戰。東道之不通，則是康公絕我好也。

及君之嗣也，我君景公引領西望曰：「庶撫我乎！」君亦不惠稱盟，利吾有狄難，入我河縣，焚我箕、郜，芟夷我農功，虔劉我邊陲，我是以有輔氏之聚。君亦悔禍之延，而欲徼福於先君獻、穆，使伯車來命我景公曰：「吾與女同好棄惡，復修舊德，以追念前勛。」言誓未就，景公即世，我寡君是以有令狐之會。君又不祥，背棄盟誓。白狄及君同州，君之仇讎，而我婚姻也。君來賜命曰：「吾與女伐狄。」寡君不敢顧婚姻，畏君之威，而受命於吏。君有二心於狄，曰：「晉將伐女。」狄應且憎，是用告我。楚人惡君之二三其德也，亦來告我曰：「秦背令狐之盟，而來求盟於我：『昭告昊天上帝、秦三公、楚三王曰：「余雖與晉出入，余唯利是視。」不穀惡其無成德，是用宣之，以懲不壹。』」諸侯備聞此言，斯是用痛心疾首，暱就寡人。寡人帥以聽命，唯好是求。君若惠顧諸侯，矜哀寡人，而賜之盟，則寡人之願也，其承寧諸侯以退，豈敢徼亂？君若不施大惠，寡人不佞，其不能以諸侯退矣。敢盡布之執事，俾執事實圖利之。」

秦桓公既與晉厲公爲令狐之盟，而又召狄與楚，欲道以伐晉，諸侯是以睦於晉。晉欒書將中軍，荀庚佐之；士燮將上軍，郤錡佐之；韓厥將下軍，荀罃佐之；趙旃將新軍，郤至佐之。郤毅御戎，欒鍼爲右。孟獻子曰：「晉帥乘和，師必有大功。」五月丁亥，晉師以諸侯之師及秦師戰於麻隧。秦師敗績，獲秦成差及不更女父。曹宣公卒於師。師遂濟涇，及侯麗而還。迓晉侯於新楚。成肅公卒於瑕。

六月丁卯夜，鄭公子班自訾求入於大宫，不能，殺子印、子羽，反軍於市。己巳，子駟帥國人盟於大宫，遂從而盡焚之，殺子如、子駹、孫叔、孫知。

曹人使公子負芻守，使公子欣時逆曹伯之喪。秋，負芻殺其大子而自立也。諸侯乃請討之。晉人以其役之勞，請俟他年。冬，葬曹宣公。既葬，子臧將亡，國人皆將從之。成公乃懼，告罪，且請焉。乃反，而致其邑。

經（成公十四年）

十有四年春王正月，莒子朱卒。

夏，衛孫林父自晉歸於衛。

秋，叔孫僑如如齊逆女。

鄭公子喜帥師伐許。

九月，僑如以夫人婦姜氏至自齊。

冬十月庚寅，衛侯臧卒。

秦伯卒。

傳（成公十四年）

十四年春，衛侯如晉，晉侯彊見孫林父焉。定公不可。夏，衛侯既歸，晉侯使郤犫送孫林父而見之。衛侯欲辭。定姜曰：「不可。是先君宗卿之嗣也，大國又以爲請。不許，將亡。雖惡之，不猶愈於亡乎？君其忍之！安民而宥宗卿，不亦可乎？」衛侯見而復之。衛侯饗苦成叔，甯惠子相。苦成叔傲。甯子曰：「苦成家其亡乎！古之爲享食也，以觀威儀、省禍福也，故《詩》曰：『兕觵其觩，旨酒思柔。彼交匪傲，萬福來求。』今夫子傲，取禍之道也。」

秋，宣伯如齊逆女。稱族，尊君命也。

八月，鄭子罕伐許，敗焉。戊戌，鄭伯復伐許。庚子，入其郛。許人平以叔申之封。

九月，僑如以夫人婦姜氏至自齊。舍族，尊夫人也。故君子曰：「《春秋》之稱，微而顯，志而晦，婉而成章，盡而不污，懲惡而勸善，非聖人，誰能修之？」

衛侯有疾，使孔成子、甯惠子立敬姒之子衎以爲大子。冬十月，衛定公卒。夫人姜氏既哭而息，見大子之不哀也，不內酌飲，嘆曰：「是夫也，將不唯衛國之敗，其必始於未亡人。烏呼！天禍衛國也夫！吾不獲鱄也使主社稷。」大夫聞之，無不聳懼。孫文子自是不敢舍其重器於衛，盡寘諸戚，而甚善晉大夫。

經（成公十五年）

十有五年春王二月，葬衛定公。

三月乙巳，仲嬰齊卒。

癸丑，公會晉侯、衛侯、鄭伯、曹伯、宋世子成、齊國佐、邾人，同盟於戚。晉侯執曹伯歸於京師。

公至自會。

夏六月，宋公固卒。

楚子伐鄭。

秋八月庚辰，葬宋共公。

宋華元出奔晉。

宋華元自晉歸於宋。

宋殺其大夫山。

宋魚石出奔楚。

冬十有一月，叔孫僑如會晉士燮、齊高无咎、宋華元、衛孫林父、鄭公子鰌、邾人會吳於鍾離。

許遷於葉。

傳（成公十五年）

十五年春，會於戚，討曹成公也。執而歸諸京師。書曰「晉侯執曹伯」，不及其民也。凡君不道於其民，諸侯討而執之，則曰：「某人執某侯」，不然則否。諸侯將見子臧於王而立之。子臧辭曰：「《前志》有之曰：『聖達節，次守節，下失節。』爲君非吾節也。雖不能聖，敢失守乎？」遂逃，奔宋。

夏六月，宋共公卒。

楚將北師，子囊曰：「新與晉盟而背之，無乃不可乎？」子反曰：「敵利則進，何盟之有？」申叔時老矣，在申，聞之，曰：「子反必不免。信以守禮，禮以庇身，信、禮之亡，欲免，得乎？」

楚子侵鄭，及暴隧。遂侵衛，及首止。鄭子罕侵楚，取新石。

欒武子欲報楚。韓獻子曰：「無庸，使重其罪，民將叛之。無民，孰戰？」

秋八月，葬宋共公。於是華元爲右師，魚石爲左師，蕩澤爲司馬，華喜爲司徒，公孫師爲司城，向爲人爲大司寇，鱗朱爲少司寇，向帶爲大宰，魚府爲少宰。蕩澤弱公室，殺公子肥。華元曰：「我爲右師，君臣之訓，師所司也。今公室卑，而不能正，吾罪大矣。不能治官，敢賴寵乎？」乃出奔晉。

二華，戴族也；司城，莊族也；六官者皆桓族也。魚石將止華元。魚府曰：「右師反，必討，是無桓氏也。」魚石曰：「古師苟獲反，雖許之討，必不敢。且多大功，國人與之，不反，懼桓氏之無祀於宋也。右師討，猶有戌在。桓氏雖亡，必偏。」魚石自止華元於河上。請討，許之，乃反。使華喜、公孫師帥國人攻蕩氏，殺子山。書曰「宋殺其大夫山」，言背其族也。

魚石、向爲人、鱗朱、向帶、魚府出舍於睢上，華元使止之，不可。冬十月，華元自止之，不可，乃反。魚府曰：「今不從，不得入矣。右師視速而言疾，有異志焉。若不我納，今將馳矣。」登丘而望之，則馳騁而從之。則決睢澨、閉門登陴矣。左師、二司寇、二宰遂出奔楚。華元使向戌爲左師、老佐爲司馬，樂裔爲司寇，以靖國人。

晉三郤害伯宗，譖而殺之，及欒弗忌。伯州犁奔楚。韓獻子曰：「郤氏其不免乎！善人，天地之紀也，而驟絶之，不亡何待？」初，伯宗每朝，其妻必戒之曰：「『盜憎主人，民惡其上。』子好直言，必及於難。」

十一月，會吴於鍾離，始通吴也。

許靈公畏偪於鄭，請遷於楚。辛丑，楚公子申遷許於葉。

經（成公十六年）

十有六年春王正月，雨，木冰。

夏四月辛未，滕子卒。

鄭公子喜帥師侵宋。

六月丙寅朔，日有食之。

晉侯使欒黶來乞師。

甲午晦，晉侯及楚子、鄭伯戰於鄢陵。楚子、鄭師敗績。

楚殺其大夫公子側。

秋，公會晉侯、齊侯、衛侯、宋華元、邾人於沙隨，不見公。

公至自會。

公會尹子、晉侯、齊國佐、邾人伐鄭。

曹伯歸自京師。

九月，晉人執季孫行父，舍之於苕丘。

冬十月乙亥，叔孫僑如出奔齊。

十有二月乙丑，季孫行父及晉郤犨盟於扈。

公至自會。

乙酉，刺公子偃。

傳（成公十六年）

十六年春，楚子自武城使公子成以汝陰之田求成於鄭。鄭叛晉，子駟從楚子盟於武城。

夏四月，滕文公卒。

鄭子罕伐宋，宋將鉏、樂懼敗諸汋陂。退，舍於夫渠，不儆。鄭人覆之，敗諸汋陵，獲將鉏、樂懼。宋恃勝也。

衛侯伐鄭，至於鳴雁，爲晉故也。

晉侯將伐鄭。范文子曰：「若逞吾願，諸侯皆叛，晉可以逞。若唯鄭叛，晉國之憂，可立俟也。」欒武子曰：「不可以當吾世而失諸侯，必伐鄭。」乃興師。欒書將中軍，士燮佐之；郤錡將上軍，荀偃佐之；韓厥將下軍，郤至佐新軍。荀罃居守。郤犨如衛，遂如齊，皆乞師焉。欒黶來乞師。孟獻子曰：「有勝矣。」戊寅，晉師起。

鄭人聞有晉師，使告於楚，姚句耳與往。楚子救鄭。司馬將中軍，令尹將左，右尹子辛將右。過申，子反入見申叔時，曰：「師其何如？」對曰：「德、刑、詳、義、禮、信，戰之器也。德以施惠，刑以正邪，詳以事神，義以建利，禮以順時，信以守物。民生厚而德正，用利而事節，時順而物成，上下和睦，周旋不逆，求無不具，各知其極。故《詩》曰：『立我烝民，莫匪爾極。』是以神降之福，時無災害，民生敦厖，和同以聽，莫不盡力以從上命，致死以補其闕，此戰之所由克也。今楚內棄其民，而外絕其好；瀆齊盟，而食話言，奸時以動，而疲民以逞。民不知信，進退罪也。人恤所底，其誰致死？子其勉之！吾不復見子矣。」姚句耳先歸，子駟問焉。對曰：「其行速，過險而不整。速則失志，不整，喪列。志失列喪，將何以戰？楚懼不可用也。」

五月，晉師濟河。聞楚師將至，范文子欲反，曰：「我僞逃楚，可以紓憂。夫合諸侯，非吾所能也，以遺能者。我若羣臣輯睦以事君，多矣。」武子曰：「不可。」六月，晉、楚遇於鄢陵。范文子不欲戰。郤至曰：「韓之戰，惠公不振旅；箕之役，先軫不反命；邲之師，荀伯不復從，皆晉之恥也。子亦見先君之事矣。今我辟楚，又益恥也。」文子曰：「吾先君之亟戰也，有故。秦、狄、齊、楚皆彊，不盡力，子孫將弱。今三

彊服矣，敵楚而已。惟聖人能外內無患。自非聖人，外寧必有內憂，盍釋楚以爲外懼乎？」

甲午晦，楚晨壓晉軍而陳。軍吏患之。范匄趨進，曰：「塞井夷竈，陳於軍中，而疏行首。晉、楚唯天所授，何患焉？」文子執戈逐之，曰：「國之存亡，天也，童子何知焉！」欒書曰：「楚師輕窕，固壘而待之，三日必退。退而擊之，必獲勝焉。」郤至曰：「楚有六間，不可失也。其二卿相惡，王卒以舊，鄭陳而不整，蠻軍而不陳，陳不違晦，在陳而囂，合而加囂。各顧其後，莫有鬬心；舊不必良，以犯天忌，我必克之。」

楚子登巢車，以望晉軍。子重使大宰伯州犁侍於王后。王曰：「騁而左右，何也？」曰：「召軍吏也。」「皆聚於中軍矣。」曰：「合謀也。」「張幕矣。」曰：「虔卜於先君也。」「徹幕矣。」曰：「將發命也。」「甚囂，且塵上矣。」曰：「將塞井夷竈而爲行也。」「皆乘矣，左右執兵而下矣。」曰：「聽誓也。」「戰乎？」曰：「未可知也。」「乘而左右皆下矣。」曰：「戰禱也。」伯州犁以公卒告王。苗賁皇在晉侯之側，亦以王卒告。皆曰：「國士在，且厚，不可當也。」苗賁皇言於晉侯曰：「楚之良，在其中軍王族而已。請分良以擊其左右，而三軍萃於王卒，必大敗之。」公筮之。史曰：「吉。其卦遇復，曰：『南國蹙，射其元王，中厥目。』國蹙、王傷，不敗何待？」公從之。

有淖於前，乃皆左右相違於淖。步毅御晉厲公，欒鍼爲右。彭名御楚共王，潘黨爲右。石首御鄭成公，唐苟爲右。欒、范以其族夾公行。陷於淖。欒書將載晉侯。鍼曰：「書退！國有大任，焉得專之？且侵官，冒也；失官，慢也；離局，奸也。有三罪焉，不可犯也。」乃掀公以出於淖。

癸巳，潘尫之黨與養由基蹲甲而射之，徹七札焉。以示王，曰：「君有二臣如此，何憂於戰？」王怒曰：「大辱國！詰朝爾射，死藝。」呂錡夢射月，中之，退入於泥。占之，曰：「姬姓，日也；異姓，月也，必楚王也。射而中之，退入於泥，亦必死矣。」及戰，射共王中目。王召養由基，與之兩矢，使射呂錡，中項，伏弢。以一矢復命。

郤至三遇楚子之卒，見楚子，必下，免胄而趨風。楚子使工尹襄問之以弓，曰：「方事之殷也，有韎韋之跗注，君子也。識見不穀而趨，無乃傷乎？」郤至見客，免胄承命，曰：「君之外臣至從寡君之戎事，以君之靈，間蒙甲冑，不敢拜命。敢告不寧，君命之辱。爲事之故，敢肅使者。」三肅使者而退。

晉韓厥從鄭伯，其御杜溷羅曰：「速從之？其御屢顧，不在馬，可及也。」韓厥曰：「不可以再辱國君。」乃止。郤至從鄭伯，其右茀翰胡曰：「諜輅之，余從之乘，而俘以下。」郤至曰：「傷國君有刑。」亦止。石首曰：「衞懿公唯不去其旗，是以敗於熒。」乃內旌於弢中。唐苟謂石首曰：「子在君側，敗者壹大。我不如子，子以君免，我請止。」乃死。

楚師薄於險，叔山冉謂養由基曰：「雖君有命，爲國故，子必射。」乃射，再發，盡殪。叔山冉搏人以投，中車，折軾。晉師乃止。囚楚公子茷。欒鍼見子重之旌，請曰：「楚人謂夫旌，子重之麾也，彼其子重也。日臣之使於楚也，子重問晉國之勇，臣對曰：『好以衆整。』曰：『又何如？』臣對曰：『好以暇。』今兩國治戎，行人不使，

不可謂整；臨事而食言，不可謂暇。請攝飲焉。」公許之。使行人執榼承飲，造於子重，曰：「寡君乏使，使鍼御持矛，是以不得犒從者，使某攝飲。」子重曰：「夫子嘗與吾言於楚，必是故也。不亦識乎！」受而飲之，免使者而復鼓。旦而戰，見星未已。

子反命軍吏察夷傷，補卒乘，繕甲兵，展車馬，雞鳴而食，唯命是聽。晉人患之。苗賁皇徇曰：「蒐乘、補卒，秣馬、利兵，修陳、固列，蓐食、申禱，明日復戰！」乃逸楚囚。王聞之，召子反謀。穀陽豎獻飲於子反，子反醉而不能見。王曰：「天敗楚也夫！余不可以待。」乃宵遁。晉入楚軍，三日穀。范文子立於戎馬之前，曰：「君幼，諸臣不佞，何以及此？君其戒之！《周書》曰：『惟命不於常』，有德之謂。」

楚師還，及瑕，王使謂子反曰：「先大夫之覆師徒者，君不在。子無以爲過，不穀之罪也。」子反再拜稽首曰：「君賜臣死，死且不朽。臣之卒實奔，臣之罪也。」子重復謂子反曰：「初隕師徒者，而亦聞之矣。盍圖之！」對曰：「雖微先大夫有之，大夫命側，側敢不義？側亡君師，敢忘其死？」王使止之，弗及而卒。戰之日，齊國佐、高无咎至於師，衛侯出於衛，公出於壞隤。宣伯通於穆姜，欲去季、孟而取其室。將行，穆姜送公，而使逐二子。公以晉難告，曰：「請反而聽命。」姜怒，公子偃、公子鉏趨過，指之曰：「女不可，是皆君也。」公待於壞隤，申宮、儆備、設守，而後行，是以後。使孟獻子守於公宮。

秋，會於沙隨，謀伐鄭也。宣伯使告郤犫曰：「魯侯待於壞隤，以待勝者。」郤犫將新軍，且爲公族大夫，以主東諸侯。取貨於宣伯，而訴公於晉侯。晉侯不見公。

曹人請於晉曰：「自我先君宣公即世，國人曰：『若之何？憂猶未弭。』而又討我寡君，以亡曹國社稷之鎮公子，是大泯曹也，先君無乃有罪乎？若有罪，則君列諸會矣。君唯不遺德、刑，以伯諸侯，豈獨遺諸敝邑？敢私布之。」

七月，公會尹武公及諸侯伐鄭。將行，姜又命公如初。公又申守而行。諸侯之師次於鄭西，我師次於督揚，不敢過鄭。子叔聲伯使叔孫豹請逆於晉師，爲食於鄭郊。師逆以至。聲伯四日不食以待之，食使者而後食。

諸侯遷於制田，知武子佐下軍，以諸侯之師侵陳，至於鳴鹿。遂侵蔡。未反，諸侯遷於潁上。戊午，鄭子罕宵軍之，宋、齊、衛皆失軍。

曹人復請於晉。晉侯謂子臧：「反，吾歸而君。」子臧反，曹伯歸。子臧盡致其邑與卿而不出。

宣伯使告郤犫曰：「魯之有季、孟，猶晉之有欒、范也，政令於是乎成。今其謀曰：『晉政多門，不可從也。寧事齊、楚，有亡而已，蔑從晉矣。』若欲得志於魯，請止行父而殺之，我斃蔑也，而事晉，蔑有貳矣。魯不貳，小國必睦。不然，歸必叛矣。」九月，晉人執季文子於苕丘。公還，待於鄆，使子叔聲伯請季孫於晉。郤犫曰：「苟去仲孫蔑，而止季孫行父，吾與子國，親於公室。」對曰：「僑如之情，子必聞之矣。若去蔑與行父，是大棄魯國，而罪寡君也。若猶不棄，而惠徼周公之福，使寡君得事晉君，則夫二人者，魯國社稷之臣也。若朝亡之，魯必夕亡。以魯之密邇仇讎，亡而爲讎，治之何及？」郤犫曰：「吾爲子請邑。」對曰：「嬰齊，魯之常隸也，敢介大國以求

厚焉？承寡君之命以請，若得所請，吾子之賜多矣，又何求？」范文子謂欒武子曰：「季孫於魯，相二君矣。妾不衣帛，馬不食粟，可不謂忠乎？信讒慝而棄忠良，若諸侯何？子叔嬰齊奉君命無私，謀國家不貳，圖其身不忘其君。若虛其請，是棄善人也。子其圖之！」乃許魯平，赦季孫。

冬十月，出叔孫僑如而盟之。僑如奔齊。十二月，季孫及郤犫盟於扈。歸，刺公子偃。召叔孫豹於齊而立之。

齊聲孟子通僑如，使立於高、國之間。僑如曰：「不可以再罪。」奔衛，亦間於卿。

晉侯使郤至獻楚捷於周，與單襄公語，驟稱其伐。單子語諸大夫曰：「温季其亡乎！位於七人之下，而求掩其上。怨之所聚，亂之本也。多怨而階亂，何以在位？《夏書》曰：『怨豈在明？不見是圖。』將慎其細也。今而明之，其可乎？」

經（成公十七年）

十有七年春，衛北宮括帥師侵鄭。

夏，公會尹子、單子、晉侯、齊侯、宋公、衛侯、曹伯、邾人伐鄭。

六月乙酉，同盟於柯陵。

秋，公至自會。

齊高无咎出奔莒。

九月辛丑，用郊。

晉侯使荀罃來乞師。

冬，公會單子、晉侯、宋公、衛侯、曹伯、齊人、邾人伐鄭。

十有一月，公至自伐鄭。

壬申，公孫嬰齊卒於貍脤。

十有二月丁巳朔，日有食之。

邾子貜且卒。

晉殺其大夫郤錡、郤犫、郤至。

楚人滅舒庸。

傳（成公十七年）

十七年春王正月，鄭子駟侵晉虛、滑。衛北宮括救晉，侵鄭，至於高氏。夏五月，鄭大子髡頑、侯獳爲質於楚，楚公子成、公子寅戍鄭。

公會尹武公、單襄公及諸侯伐鄭，自戲童至於曲洧。

晉范文子反自鄢陵，使其祝宗祈死，曰：「君驕侈而克敵，是天益其疾也，難將作矣。愛我者唯祝我，使我速死，無及於難——范氏之福也。」六月戊辰，士燮卒。

乙酉，同盟於柯陵，尋戚之盟也。

楚子重救鄭，師於首止。諸侯還。

齊慶克通於聲孟子，與婦人蒙衣乘輦而入於閎。鮑牽見之，以告國武子。武子召慶克而謂之。慶克久不出，而告夫人曰：「國子謫我。」夫人怒。國子相靈公以會，高、

鮑處守。及還，將至，閉門而索客。孟子訴之曰：「高、鮑將不納君，而立公子角，國子知之。」秋七月壬寅，刖鮑牽而逐高无咎。无咎奔莒。高弱以盧叛。齊人來召鮑國而立之。

初，鮑國去鮑氏而來爲施孝叔臣。施氏卜宰，匡句須吉。施氏之宰有百室之邑。與匡句須邑，使爲宰，以讓鮑國而致邑焉。施孝叔曰：「子實吉。」對曰：「能與忠良，吉孰大焉？」鮑國相施氏忠，故齊人取以爲鮑氏後。仲尼曰：「鮑莊子之知不如葵，葵猶能衛其足。」

冬，諸侯伐鄭。十月庚午，圍鄭。楚公子申救鄭，師於汝上。十一月，諸侯還。

初，聲伯夢涉洹，或與己瓊瑰食之，泣而爲瓊瑰盈其懷，從而歌之曰：「濟洹之水，贈我以瓊瑰。歸乎歸乎，瓊瑰盈吾懷乎！」懼不敢占也。還自鄭，壬申，至於狸脤而占之，曰：「余恐死，故不敢占也。今衆繁而從余三年矣，無傷也。」言之，之莫而卒。

齊侯使崔杼爲大夫，使慶克佐之，帥師圍盧。國佐從諸侯圍鄭，以難請而歸。遂如盧師，殺慶克，以穀叛。齊侯與之盟於徐關而復之。十二月，盧降。使國勝告難於晉，待命於清。

晉厲公侈，多外嬖。反自鄢陵，欲盡去羣大夫，而立其左右。胥童以胥克之廢也，怨郤氏，而嬖於厲公。郤錡奪夷陽五田，五亦嬖於厲公。郤犫與長魚矯爭田，執而梏之，與其父母妻子同一轅。既，矯亦嬖於厲公。欒書怨郤至，以其不從己而敗楚師也，欲廢之。使楚公子茷告公曰：「此戰也，郤至實召寡君，以東師之未至也，與軍帥之不具也，曰：『此必敗，吾因奉孫周以事君。』」公告欒書，書曰：「其有焉。不然，豈其死之不恤，而受敵使乎？君盍嘗使諸周而察之？」郤至聘於周，欒書使孫周見之。公使覘之，信。遂怨郤至。

厲公田，與婦人先殺而飲酒，後使大夫殺。郤至奉豕，寺人孟張奪之，郤至射而殺之。公曰：「季子欺余！」

厲公將作難，胥童曰：「必先三郤。族大，多怨。去大族，不逼；敵多怨，有庸。」公曰：「然。」郤氏聞之，郤錡欲攻公，曰：「雖死，君必危。」郤至曰：「人所以立，信、知、勇也。信不叛君，知不害民，勇不作亂。失兹三者，其誰與我？死而多怨，將安用之？君實有臣而殺之，其謂君何？我之有罪，吾死後矣。若殺不辜，將失其民，欲安，得乎？待命而已。受君之禄，是以聚黨。有黨而争命，罪孰大焉？」壬午，胥童、夷羊五帥甲八百將攻郤氏，長魚矯請無用衆，公使清沸魋助之。抽戈結衽，而僞訟者。三郤將謀於榭，矯以戈殺駒伯、苦成叔於其位。温季曰：「逃威也。」遂趨。矯及諸其車，以戈殺之。皆尸諸朝。

胥童以甲劫欒書、中行偃於朝。矯曰：「不殺二子，憂必及君。」公曰：「一朝而尸三卿，余不忍益也。」對曰：「人將忍君。臣聞：亂在外爲奸，在内爲軌。御奸以德，御軌以刑。不施而殺，不可謂德；臣偪而不討，不可謂刑。德、刑不立，奸、軌並至，臣請行。」遂出奔狄。公使辭於二子曰：「寡人有討於郤氏，郤氏既伏其辜矣，大夫無辱，其復職位！」皆再拜稽首曰：「君討有罪，而免臣於死，君之惠也。二臣雖死，敢

忘君德？」乃皆歸。公使胥童爲卿。公游於匠麗氏，欒書、中行偃遂執公焉。召士匄，士匄辭，召韓厥，韓厥辭，曰：「昔吾畜於趙氏，孟姬之讒，吾能違兵。古人有言曰：『殺老牛莫之敢尸』，而況君乎？二三子不能事君，焉用厥也？」

舒庸人以楚師之敗也，道吳人圍巢，伐駕，圍厘、虺，遂恃吳而不設備。楚公子橐師襲舒庸，滅之。

閏月乙卯晦，欒書、中行偃殺胥童。民不與郤氏，胥童道君爲亂，故皆書曰「晉殺其大夫。」

經（成公十八年）

十有八年春王正月，晉殺其大夫胥童。

庚申，晉弑其君州蒲。

齊殺其大夫國佐。

公如晉。

夏，楚子、鄭伯伐宋。宋魚石復入於彭城。

公至自晉。

晉侯使士匄來聘。

秋，杞伯來朝。

八月，邾子來朝。

築鹿囿。

己丑，公薨於路寢。

冬，楚人、鄭人侵宋。

晉侯使士魴來乞師。

十有二月，仲孫蔑會晉侯、宋公、衛侯、邾子、齊崔杼，同盟於虛朾。

丁未，葬我君成公。

傳（成公十八年）

十八年春王正月庚申，晉欒書、中行偃使程滑弑厲公，葬之於翼東門之外，以車一乘。使荀罃、士魴逆周子於京師而立之，生十四年矣。大夫逆於清原。周子曰：「孤始願不及此，雖及此，豈非天乎！抑人之求君，使出命也。立而不從，將安用君？二三子用我今日，否亦今日。共而從君，神之所福也。」對曰：「羣臣之願也，敢不唯命是聽？」庚午，盟而入，館於伯子同氏。辛巳，朝於武宮。逐不臣者七人。周子有兄而無慧，不能辨菽麥，故不可立。

齊爲慶氏之難故，甲申晦，齊侯使士華免以戈殺國佐於内宮之朝。師逃於夫人之宮。書曰「齊殺其大夫國佐」，棄命、專殺、以穀叛故也。使清人殺國勝。國弱來奔。王湫奔萊。慶封爲大夫，慶佐爲司寇。既，齊侯反國弱，使嗣國氏，禮也。

二月乙酉朔，晉悼公即位於朝。始命百官，施舍、已責，逮鰥寡，振廢滯，匡乏困，救災患，禁淫慝，薄賦斂，宥罪戾，節器用，時用民，欲無犯時。使魏相、士魴、

魏頡、趙武爲卿；荀家、荀會、欒黶、韓無忌爲公族大夫，使訓卿之子弟共儉孝弟。使士渥濁爲大傅，使修范武子之法；右行辛爲司空，使修士蔿之法。弁糾御戎，校正屬焉，使訓諸御知義。荀賓爲右，司士屬焉，使訓勇力之士時使。卿無共御，立軍尉以攝之。祁奚爲中軍尉，羊舌職佐之；魏絳爲司馬，張老爲候奄。鐸遏寇爲上軍尉，籍偃爲之司馬，使訓卒乘，親以聽命。程鄭爲乘馬御，六騶屬焉，使訓羣騶知禮。凡六官之長，皆民譽也。舉不失職，官不易方，爵不踰德，師不陵正，旅不偪師，民無謗言，所以復霸也。

公如晉，朝嗣君也。

夏六月，鄭伯侵宋，及曹門外。遂會楚子伐宋，取朝郟。楚子辛、鄭皇辰侵城郜，取幽丘。同伐彭城，納宋魚石、向爲人、鱗朱、向帶、魚府焉，以三百乘戍之而還。書曰「復入」。凡去其國，國逆而立之，曰「入」；復其位，曰「復歸」；諸侯納之，曰「歸」；以惡曰「復入」。宋人患之。西鉏吾曰：「何也？若楚人與吾同惡，以德於我，吾固事之也，不敢貳矣。大國無厭，鄙我猶憾。不然，而收吾憎，使贊其政，以間吾釁，亦吾患也。今將崇諸侯之姦而披其地，以塞夷庚。逞姦而携服，毒諸侯而懼吴、晉，吾庸多矣，非吾憂也。且事晉何爲？晉必恤之。」

公至自晉。晉范宣子來聘，且拜朝也。君子謂晉於是乎有禮。

秋，杞桓公來朝，勞公，且問晉故。公以晉君語之。杞伯於是驟朝於晉而請爲婚。

七月，宋老佐、華喜圍彭城，老佐卒焉。

八月，邾宣公來朝，即位而來見也。

築鹿囿，書不時也。

己丑，公薨於路寢，言道也。

冬十一月，楚子重救彭城，伐宋。宋華元如晉告急。韓獻子爲政，曰：「欲求得人，必先勤之。成霸、安彊，自宋始矣。」晉侯師於臺穀以救宋。遇楚師於靡角之穀，楚師還。

晉士魴來乞師。季文子問師數於臧武仲，對曰：「伐鄭之役，知伯實來，下軍之佐也。今彘季亦佐下軍，如伐鄭可也。事大國，無失班爵而加敬焉，禮也。」從之。

十二月，孟獻子會於虛朾，謀救宋也。宋人辭諸侯而請師以圍彭城。孟獻子請於諸侯而先歸會葬。

丁未，葬我君成公，書順也。

襄公

經（襄公元年）

元年春王正月，公即位。

仲孫蔑會晉欒黶、宋華元、衛甯殖、曹人、莒人、邾人、滕人、薛人，圍宋彭城。

夏，晉韓厥帥師伐鄭，仲孫蔑會齊崔杼、曹人、邾人、杞人，次於鄫。

秋，楚公子壬夫帥師侵宋。

九月辛酉，天王崩。

邾子來朝。

冬，衛侯使公孫剽來聘。晉侯使荀罃來聘。

傳（襄公元年）

元年春己亥，圍宋彭城。非宋地，追書也。於是爲宋討魚石，故稱宋，且不登叛人也，謂之宋志。彭城降晉，晉人以宋五大夫在彭城者歸，寘諸瓠丘。齊人不會彭城，晉人以爲討。二月，齊大子光爲質於晉。

夏五月，晉韓厥、荀偃帥諸侯之師伐鄭，入其郛，敗其徒兵於洧上。於是東諸侯之師次於鄫，以待晉師。晉師自鄭以鄫之師侵楚焦夷及陳。晉侯、衛侯次於戚，以爲之援。

秋，楚子辛救鄭，侵宋呂、留。鄭子然侵宋，取犬丘。

九月，邾子來朝，禮也。

冬，衛子叔、晉知武子來聘，禮也。凡諸侯即位，小國朝之，大國聘焉，以繼好、結信、謀事、補闕，禮之大者也。

經（襄公二年）

二年春王正月，葬簡王。

鄭師伐宋。

夏五月庚寅，夫人姜氏薨。

六月庚辰，鄭伯睔卒。

晉師、宋師、衛甯殖侵鄭。

秋七月，仲孫蔑會晉荀罃、宋華元、衛孫林父、曹人、邾人於戚。

己丑，葬我小君齊姜。

叔孫豹如宋。

冬，仲孫蔑會晉荀罃、齊崔杼、宋華元、衛孫林父、曹人、邾人、滕人、薛人、小邾人於戚，遂城虎牢。

楚殺其大夫公子申。

傳（襄公二年）

二年春，鄭師侵宋，楚令也。

齊侯伐萊，萊人使正輿子賂夙沙衛以索馬牛，皆百匹，齊師乃還。君子是以知齊靈公之爲「靈」也。

夏，齊姜薨。初，穆姜使擇美檟，以自爲櫬與頌琴，季文子取以葬。君子曰：「非禮也。禮無所逆。婦，養姑者也。虧姑以成婦，逆莫大焉。《詩》曰：『其惟哲人，告之話言，順德之行。』季孫於是爲不哲矣。且姜氏，君之妣也。《詩》曰：『爲酒爲醴，烝畀祖妣，以洽百禮，降福孔偕。』」

齊侯使諸姜、宗婦來送葬，召萊子。萊子不會，故晏弱城東陽以偪之。

鄭成公疾，子駟請息肩於晉。公曰：「楚君以鄭故，親集矢於其目，非異人任，寡人也。若背之，是棄力與言，其誰暱我？免寡人，唯二三子。」

秋七月庚辰，鄭伯睔卒。於是子罕當國，子駟爲政，子國爲司馬。晉師侵鄭。諸大夫欲從晉。子駟曰：「官命未改。」

會於戚，謀鄭故也。孟獻子曰：「請城虎牢以偪鄭。」知武子曰：「善。鄫之會，吾子聞崔子之言，今不來矣。滕、薛、小邾之不至，皆齊故也。寡君之憂不唯鄭。罃將復於寡君而請於齊。得請而告，吾子之功也。若不得請，事將在齊。吾子之請，諸侯之福也，豈唯寡君賴之！」

穆叔聘於宋，通嗣君也。

冬，復會於戚，齊崔武子及滕、薛、小邾之大夫皆會，知武子之言故也。遂城虎牢。鄭人乃成。

楚公子申爲右司馬，多受小國之賂，以偪子重、子辛。楚人殺之，故書曰：「楚殺其大夫公子申。」

經（襄公三年）

三年春，楚公子嬰齊帥師伐吳。

公如晉。

夏四月壬戌，公及晉侯盟於長樗。

公至自晉。

六月，公會單子、晉侯、宋公、衛侯、鄭伯、莒子、邾子、齊世子光。己未，同盟於雞澤。

陳侯使袁僑如會。

戊寅，叔孫豹及諸侯之大夫及陳袁僑盟。

秋，公至自會。

冬晉荀罃帥師伐許。

傳（襄公三年）

三年春，楚子重伐吳，爲簡之師。克鳩茲，至於衡山。使鄧廖帥組甲三百、被練三千，以侵吳。吳人要而擊之，獲鄧廖。其能免者，組甲八十、被練三百而已。子重歸，既飲至三日，吳人伐楚，取駕。駕，良邑也；鄧廖，亦楚之良也。君子謂子重於是

役也，所獲不如所亡。楚人以是咎子重。子重病之，遂遇心疾而卒。

公如晉，始朝也。夏，盟於長樗。孟獻子相。公稽首。知武子曰：「天子在，而君辱稽首，寡君懼矣。」孟獻子曰：「以敝邑介在東表，密邇仇讎，寡君將君是望，敢不稽首？」

晉爲鄭服故，且欲修吴好，將合諸侯。使士匄告於齊曰：「寡君使匄，以歲之不易不虞之不戒，寡君願與一二兄弟相見，以謀不協。請君臨之，使匄乞盟。」齊侯欲勿許，而難爲不協，乃盟於耏外。

祁奚請老，晉侯問嗣焉。稱解狐，其讎也，將立之而卒。又問焉。對曰：「午也可。」於是羊舌職死矣，晉侯曰：「孰可以代之？」對曰：「赤也可。」於是使祁午爲中軍尉，羊舌赤佐之。君子謂祁奚於是能舉善矣。稱其讎，不爲諂；立其子，不爲比；舉其偏，不爲黨。《商書》曰：「無偏無黨，王道蕩蕩」，其祁奚之謂矣。解狐得舉，祁午得位，伯華得官，建一官而三物成，能舉善也。夫唯善，故能舉其類。《詩》云：「惟其有之，是以似之」，祁奚有焉。

六月，公會單頃公及諸侯。己未，同盟於雞澤。晉侯使荀會逆吴子於淮上，吴子不至。

楚子辛爲令尹，侵欲於小國，陳成公使袁僑如會求成。

晉侯使和組父告於諸侯。秋，叔孫豹及諸侯之大夫及陳袁僑盟，陳請服也。

晉侯之弟揚干亂行於曲梁，魏絳戮其僕。晉侯怒，謂羊舌赤曰：「合諸侯，以爲榮也。揚干爲戮，何辱如之？必殺魏絳，無失也！」對曰：「絳無貳志，事君不辟難，有

罪不逃刑，其將來辭，何辱命焉？」言終，魏絳至，授僕人書，將伏劍。士魴、張老止之。公讀其書，曰：「日君乏使，使臣斯司馬。臣聞：『師衆以順爲武，軍迅死無犯爲敬。』君合諸侯，臣敢不敬？君師不武，執見敬，罪莫大焉。臣懼其死，以及揚干，無所逃罪。不能致訓，至於用鉞，臣之罪重，敢有不從以怒君心？請歸死於司寇。」公跣而出，曰：「寡人之言，親愛也；吾子之討，軍禮也。寡人有弟，弗能教訓，使干大命，寡人之過也。子無重寡人之過，敢以爲請。」晉侯以魏絳爲能以刑佐民矣，反役，與之禮食，使佐新軍。張老爲中軍司馬，士富爲候奄。

楚司馬公子何忌侵陳，陳叛故也。

許靈公事楚，不會於雞澤。冬，晉知武子帥師伐許。

經（襄公四年）

四年春王三月。己酉，陳侯午卒。

夏，叔孫豹如晉。

秋七月戊子，夫人姒氏薨。

葬陳成公。

八月辛亥，葬我小君定姒。

冬，公如晉。

陳人圍頓。